孔子学院总部/国家汉办
Confucius Institute Headquarters (Hanban)

第二册

跟我学汉语

LEARN CHINESE WITH ME

同步阅读

Extensive Reading

尚 平 编著

· 北京 ·

编 委 会　陈　绂　王若江　陈　颖　尚　平　伏学凤

本册编者　尚　平

责任编辑　施　歌

封面设计　房海莹

版式设计　李　悦

图书在版编目（CIP）数据

跟我学汉语同步阅读. 第二册/尚平编著. —北京：人民教育出版社，2018.6
ISBN 978-7-107-32425-3

Ⅰ. ①跟…　Ⅱ. ①尚…　Ⅲ. ①汉语—阅读教学—对外汉语教学—教材　Ⅳ. ①H195.4

中国版本图书馆 CIP 数据核字（2018）第 147759 号

跟我学汉语　同步阅读　第二册

出版发行　人民教育出版社
（北京市海淀区中关村南大街 17 号院 1 号楼　邮编：100081）
网　　址　http://www.pep.com.cn
经　　销　全国新华书店
印　　刷　唐山市润丰印务有限公司
版　　次　2018 年 6 月第 1 版
印　　次　2018 年 10 月第 1 次印刷
开　　本　890 毫米×1240 毫米　1/16
印　　张　10.25
字　　数　205 千字
定　　价　60.00 元

前 言

欢迎并感谢您使用《跟我学汉语·同步阅读》!

《同步阅读》是为了配合国际汉语教材《跟我学汉语》(第二版)而研发的配套资源，是面向海外中学汉语学习者的课外阅读材料，主旨是引导学习者自主学习，培养阅读习惯、训练阅读能力、拓宽知识面，在阅读中习得汉语，逐步提高汉语水平。

《同步阅读》有如下特点。

一、与教材同步互补

《同步阅读》共四册，与《跟我学汉语》(第二版)1—4册学生用书相匹配，在话题的选择与语言的难易程度上保持一致，涉及的词语与学生用书相应单元基本同步，确保语言材料的易读性，但阅读面适当扩大。为了保持阅读材料的趣味性与连贯性，同时达到与教材互补的目的，《同步阅读》的课文在词汇量上有所拓展。《同步阅读》与学生用书各单元的对应关系详见每册的“使用说明”。

二、话题与内容真实有趣

《同步阅读》旨在提供内容广泛、生动有趣的阅读材料，以提高学习者的阅读水平。我们选取了海外中学生感兴趣的多元话题，采用自主编写或改写真实文本的方法处理阅读材料，语言清新、幽默，用现代场景讲述今天的中国故事，用一个个小故事展现出一幅幅生动的画面，呈现出不同文化的特色，让学习者在阅读中感受到读书的快乐，进而增强他们学习汉语、了解中华文化的兴趣。为增加文化元素、培养学习者跨文化交际意识，在《同步阅读》三、四册各课之后还增加了文化介绍和文化对比的内容。

三、词汇与句型实用，与HSK大纲接轨

《同步阅读》主要供学习者在课外阅读，目的是复现常用句型及词汇，并做适当扩展，进一步提高他们的阅读能力。阅读材料中各课所涉及的词汇和句型都以学习者在学完学生用书后已经掌握的知识为基础，同时增加了一定数量的、用中文进行相关话题交际时最需要、最常用的内容。编写时，我们参考了国家汉办最新版《HSK考试大纲》，严格控制词汇和句型的分布，使学习者能够学以致用。我们的预期是学习者通过课外阅读和自主学习，能达到稍高于相应学生用书的水平，即学完《同步阅读》第一册达到HSK二级、学完第二册达到HSK三级、学完第三册达到HSK四级、学完第四册达到HSK五级。因此，《同步阅读》既可以与《跟我学汉语》（第二版）1—4册学生用书配合使用，也可以作为汉语学习者的分级阅读材料单独使用。

四、培养阅读习惯与策略训练并重

培养中学生的阅读习惯具有成就其终身学习的意义。为了培养学生良好的阅读习惯，《同步阅读》每篇阅读材料均逐层配有理解题，引导学生思考；每课材料后还设置拓展题，以提高学生在现实生活中阅读汉语材料的能力。在《同步阅读》中，我们有意识地将阅读知识与策略有序地纳入其中，使学习者在阅读中逐步提高阅读能力。比如，一、二册重点训练词语理解能力，材料中适当增加了语素猜词、族群类推词语等环节；三、四册在限时阅读的基础上进行理解并概括大意、提取主题词等策略训练。除此之外，还介绍了流畅性阅读、联想阅读、记忆阅读等策略。

五、练习体现任务要求

为了更好地达到通过阅读提高学习者汉语水平的目的，我们设计了形式多样、难易适度的练习。其中既有旨在检测阅读理解能力的知识性、操作性习题，又有旨在指导学习者掌握学习策略的训练性习题，还有旨在培养学习者发散性思维的思辨性习题，以及旨在培养学习者进行跨文化交际的理解性习题。设计这些练习的宗旨就在于让学习者在趣味阅读的同时，通过完成多种实用型任务，提高自己运用汉语解决问题的能力。

有了这套《同步阅读》，相信汉语学习会更加生动有趣。阅读可以提高学习者的自信，激发自主学习的积极性，给学习生活带来无限乐趣！

编写组

2018年5月

第二册使用说明

《同步阅读》第二册共18课，与《跟我学汉语》（第二版）第二册学生用书的具体对应关系如下。

学生用书			同步阅读	
第一单元	杰克和他的同学们	1. 我来介绍一下 2. 我想选音乐课 3. 我能用一下你的橡皮吗 4. 我们的校园	1.1	我选了爬树课
			1.2	我的校园生活
			2.1	买文具
			2.2	上网买东西的好处
			3.1	你怎么去上学
			3.2	我的新学校
第二单元	业余爱好	5. 哪个队赢了 6. 给你一张电影票 7. 你的爱好是什么 8. 我的新朋友	4.1	比赛就要开始了
			4.2	田忌赛马
			5.1	我们去看电影吧
			5.2	世界阅读日
			6.1	我的工程
			6.2	beatbox俱乐部
第三单元	温馨的家	9. 你在干什么 10. 让她给我打电话 11. 我想当律师 12. 一次野餐	7.1	我的家
			7.2	爸爸总是知道我们爱吃什么
			8.1	生日聚会邀请信
			8.2	送什么礼物好
			9.1	你将来想干什么
			9.2	超级旅行团
第四单元	饮食与生活	13. 早饭你吃了什么 14. 我喜欢喝茶 15. 我吃饱了 16. 叔叔请客	10.1	可口的午餐
			10.2	为什么不吃早饭
			11.1	您要什么咖啡
			11.2	爸爸爱喝茶
			12.1	你想吃点儿什么
			12.2	请客

续表

学生用书			同步阅读	
第五单元	多彩的服装	17. 我穿什么好 18. 这种鞋跟那种鞋一样 19. 请给我们拿两件大号的T恤衫 20. 旗袍是什么样子	13.1	穿什么合适
			13.2	万圣节的服装
			14.1	运动鞋展销会
			14.2	周末登山
			15.1	设计参加运动会的班服
			15.2	募捐衣服
第六单元	爱护我们的环境	21. 我们要把教室打扫干净 22. 公共场所禁止吸烟 23. 我帮邻居们遛狗 24. 暑假就要开始了	16.1	陪老人聊天儿
			16.2	环保日记
			17.1	香港中学生在世博会做志愿者
			17.2	“扫桥爷爷”的故事
			18.1	暑假去什么夏令营
			18.2	暑假的秘密

《同步阅读》第二册每课包括两篇阅读材料，一篇为对话体，一篇为叙述体，字数均为200—350字。每篇阅读材料的生词是在第二册学生用书对应单元以及已学单元中未出现过的词语。《同步阅读》第二册同样也很注重学生用书中各课语言点的复现。

每篇阅读材料后有“阅读理解”题，供学习者参考。针对每一课的两篇阅读材料，均设有两道练习题：第一个是“拓展练习”，帮助学习者在阅读的基础上进一步增加词汇量、扩大知识面，以提升他们的汉语水平；第二个是“补充阅读”。与第一册相比，本册“补充阅读”的特点是：在广度和难度上有所增加，所选内容除了现代诗歌以外，还有古代诗歌，另外还选编了一些歌词、常见标语等，突出了汉语阅读的实用性。

目 录

第七课

第八课

第九课

第十课

第十一课

第十二课

第十三课

第十四课

第十五课

第十六课

第十七课

第十八课

第一课

1.1 我选了爬树课
wǒ xuǎn le pá shù kè

阅读提示 Reading tips

新学期开始了，学校开设了很多有意思的选修课。小雪和杰克正在讨论选课的事。

The school opened a lot of interesting elective courses in the new term. Xiaoxue and Jack are discussing and choosing the courses together.

小雪：你好！杰克。
xiǎo xuě　nǐ hǎo　jié kè

杰克：你好！小雪。你的选修课选好了吗？
jié kè　nǐ hǎo　xiǎo xuě　nǐ de xuǎn xiū kè xuǎn hǎo le ma

小雪：已经选好了，我想上绘画课。你打算选什么课？
xiǎo xuě　yǐ jīng xuǎn hǎo le　wǒ xiǎng shàng huì huà kè　nǐ dǎ suàn xuǎn shén me kè

杰克：我打算选爬树课。
jié kè　wǒ dǎ suàn xuǎn pá shù kè

小雪：这学期我们年级的选修课都很有意思，不过这个爬树课真奇怪，爬树有什么可学的？

xiǎo xuě zhè xué qī wǒ men nián jí de xuǎn xiū kè dōu hěn yǒu yì si bú guò zhè ge pá shù kè zhēn qí guài pá shù yǒu shén me kě xué de

杰克：你不知道了吧？爬树可以锻炼身体，还可以逃生呢！我听说很多学校早就开了。

jié kè nǐ bù zhī dào le ba pá shù kě yǐ duàn liàn shēn tǐ hái kě yǐ táo shēng ne wǒ tīng shuō hěn duō xué xiào zǎo jiù kāi le

小雪：选这个课的都是男孩儿吧？

xiǎo xuě xuǎn zhè ge kè de dōu shì nán háir ba

杰克：那可不一定。来，我给你介绍一下，这位就是我们爬树课的老师——王老师。

jié kè nà kě bù yí dìng lái wǒ gěi nǐ jiè shào yí xià zhè wèi jiù shì wǒ men pá shù kè de lǎo shī wáng lǎo shī

小雪：啊？是个女老师！

xiǎo xuě á shì gè nǚ lǎo shī

词语表
New words

1	树	shù	tree
2	学期	xuéqī	term
3	年级	niánjí	grade
4	有意思	yǒu yìsi	interesting
5	奇怪	qíguài	strange
6	可	kě	can; be worth (doing)
7	逃生	táoshēng	escape
8	开	kāi	open
9	男孩儿	nánháir	boy
10	位	wèi	measure word, used to refer to people
11	女	nǚ	female

阅读理解
Reading comprehension

1. 为什么要开爬树课?

   Why should we have a climbing tree course?

2. 开爬树课的学校多吗?

   Are there many schools opened climbing tree course?

3. 选爬树课的是不是都是男孩儿?“那可不一定”是什么意思?

   Is the climbing tree course only for boys to join? What's the meaning of “那可不一定” ?

4. 你会选爬树课吗? 为什么?

   Would you like to choose the climbing tree course? Why?

1.2 我的校园生活
wǒ de xiào yuán shēng huó

阅读提示 Reading tips

中学生的校园生活不是只有上课、下课，其实也是很有意思的。

School time for middle school students aren't just about the classes. There are many other interesting activities too.

很多人都说中学生的校园生活就是上课、
hěn duō rén dōu shuō zhōng xué shēng de xiào yuán shēng huó jiù shì shàng kè

下课，上课就是学习数学、物理、化学……下课就是
xià kè shàng kè jiù shì xué xí shù xué wù lǐ huà xué xià kè jiù shì

预习、复习和做作业。不过，我们学校的校园生活
yù xí fù xí hé zuò zuò yè bú guò wǒ men xué xiào de xiào yuán shēng huó

却非常有意思。
què fēi cháng yǒu yì si

每星期五下午，是我们“兴趣小组”的活动时
měi xīng qī wǔ xià wǔ shì wǒ men xìng qù xiǎo zǔ de huó dòng shí

间，有绘画、体育、音乐等小组，每个同学可以选择
jiān yǒu huì huà tǐ yù yīn yuè děng xiǎo zǔ měi gè tóng xué kě yǐ xuǎn zé

自己喜欢的小组。每个兴趣小组都有专门的老师
zì jǐ xǐ huan de xiǎo zǔ měi gè xìng qù xiǎo zǔ dōu yǒu zhuān mén de lǎo shī

带我们学习一些有趣的知识、做各种活动，同学
dài wǒ men xué xí yì xiē yǒu qù de zhī shi zuò gè zhǒng huó dòng tóng xué

们都很喜欢这些活动。
men dōu hěn xǐ huan zhè xiē huó dòng

校园生活是紧张的，但也是丰富多彩的。我
xiào yuán shēng huó shì jǐn zhāng de dàn yě shì fēng fù duō cǎi de wǒ

爱我们的校园生活。
ài wǒ men de xiào yuán shēng huó

词语表
New words

1	生活	shēnghuó	life
2	预习	yùxí	preview
3	复习	fùxí	review
4	兴趣	xìngqù	interest
5	小组	xiǎozǔ	team, group
6	活动	huódòng	activity
7	选择	xuǎnzé	choose
8	专门	zhuānmén	specialized
9	有趣	yǒuqù	interesting
10	知识	zhīshi	knowledge
11	各	gè	each
12	紧张	jǐnzhāng	nervous; stressful
13	丰富多彩	fēngfù-duōcǎi	varied and fun

阅读理解
Reading comprehension

1. 大多数人认为中学生的校园生活是什么样的?

   What do most of people think of middle school students' lives?

2. 作者为什么认为他的校园生活是丰富多彩的?

   Why does the author think his school time is varied and fun?

3. 他们在“兴趣小组”里都做什么?

   What do they do in the “interest group”?

4. 你的校园生活是什么样的?

   What is your school life like?

一、拓展练习

请填写你这学期的课程表。

Please fill in your schedule for this semester.

	星期一	星期二	星期三	星期四	星期五
第1节					
第2节					
第3节					
第4节					
第5节					
第6节					
第7节					
第8节					

二、补充阅读

校园的早晨

Xiàoyuán de Zǎochen

Yánzhe xiàoyuán shúxi de xiǎo lù,
Qīngchén láidào shù xià dúshū.
Chūshēng de tàiyáng zhào zài liǎn shang,
Yě zhàozhe shēnpáng zhè kē xiǎo shù.
Qīn'ài de huǒbàn, qīn'ài de xiǎo shù,
Hé wǒ gòngxiǎng yángguāng yǔlù.
Ràng wǒmen jìzhù zhè měihǎo shíguāng,
Zhídào zhǎngchéng cāntiān dà shù.

沿着校园熟悉的小路，
清晨来到树下读书。
初升的太阳照在脸上，
也照着身旁这棵小树。
亲爱的伙伴，亲爱的小树，
和我共享阳光雨露。
让我们记住这美好时光，
直到长成参天大树。

（歌曲《校园的早晨》节选，作词高枫，作曲谷建芬）

第二课

2.1 买文具

mǎi wén jù

阅读提示 Reading tips

今天杰克到学校的小卖部来买文具。

Jack want to buy some school supplies from the school store today.

杰克：请问，这儿有铅笔和橡皮吗？
jié kè: qǐng wèn zhèr yǒu qiān bǐ hé xiàng pí ma

售货员：有，你要什么样的？
shòu huò yuán: yǒu nǐ yào shén me yàng de

杰克：我们地理课要画地图，你觉得哪种好？
jié kè: wǒ men dì lǐ kè yào huà dì tú nǐ jué de nǎ zhǒng hǎo

售货员：你最好买2B铅笔，这是绘画用的。
shòu huò yuán: nǐ zuì hǎo mǎi qiān bǐ zhè shì huì huà yòng de

杰　克：我不喜欢削铅笔。
jié kè wǒ bù xǐ huan xiāo qiān bǐ

售货员：那你买这种不用削的自动铅笔，很方便。
shòu huò yuán nà nǐ mǎi zhè zhǒng bú yòng xiāo de zì dòng qiān bǐ hěn fāng biàn

杰　克：好。你们有橡皮吗？
jié kè hǎo nǐ men yǒu xiàng pí ma

售货员：当然有，这种绘画橡皮质量很好，擦得很干净。
shòu huò yuán dāng rán yǒu zhè zhǒng huì huà xiàng pí zhì liàng hěn hǎo cā de hěn gān jìng

杰　克：那我买一支自动铅笔和一块橡皮。
jié kè nà wǒ mǎi yì zhī zì dòng qiān bǐ hé yí kuài xiàng pí

售货员：还要别的吗？我们商店的文具种类很多，比超市便宜。
shòu huò yuán hái yào bié de ma wǒ men shāng diàn de wén jù zhǒng lèi hěn duō bǐ chāo shì pián yi

杰　克：不要了，以后买文具我就来这里。一共多少钱？
jié kè bú yào le yǐ hòu mǎi wén jù wǒ jiù lái zhè lǐ yí gòng duō shao qián

售货员：一共12块钱。
shòu huò yuán yí gòng kuài qián

词语表
New words

1	铅笔	qiānbǐ	pencil
2	什么样	shénmeyàng	which kind of, which type of
3	画	huà	draw
4	地图	dìtú	map
5	削	xiāo	peel
6	自动	zìdòng	automatic
7	质量	zhìliàng	quality
8	擦	cā	wipe
9	干净	gānjìng	clean
10	支	zhī	measure word
11	商店	shāngdiàn	shop; store
12	种类	zhǒnglèi	kind
13	比	bǐ	than
14	超市	chāoshì	supermarket
15	便宜	piányi	cheap

阅读理解
Reading comprehension

1. 杰克要买什么?
   What did Jack want to buy?
2. 售货员介绍的两种铅笔有什么不同? 杰克选了哪种? 为什么?
   What were the differences of the two kinds of pencils that the seller recommended? Which one did Jack choose? Why?
3. 杰克以后会在哪里买文具?为什么?
   Where would Jack like to choose for purchasing the school supplies from, and why?
4. 你的书包里有哪些文具? 你常常在哪里买文具?
   Which kind of school supplies do you have in your schoolbag? Where do you often go for the school supply shopping?

2.2 上网买东西的好处

shàng wǎng mǎi dōng xi de hǎo chù

阅读提示
Reading tips

网购已经成为人们喜爱的购物方式，网购的好处可真不少。

Online shopping has become popular. There are many benefits about it.

现在，喜欢上网买东西的人越来越多。在网
xiàn zài xǐ huan shàng wǎng mǎi dōng xi de rén yuè lái yuè duō zài wǎng
上买东西十分方便，坐在家里也可以买到想要
shàng mǎi dōng xi shí fēn fāng biàn zuò zài jiā li yě kě yǐ mǎi dào xiǎng yào
的。不但东西便宜，而且很快就能送到。有时候
de bú dàn dōng xi pián yi ér qiě hěn kuài jiù néng sòng dào yǒu shí hou
上网买东西还有别的好处呢。
shàng wǎng mǎi dōng xi hái yǒu bié de hǎo chù ne

罗丝是一个美国人，现在在中国工作。因为工
luó sī shì yí gè měi guó rén xiàn zài zài zhōng guó gōng zuò yīn wèi gōng
作很忙，她常常会忘记很多事。有一天下午，她忽
zuò hěn máng tā cháng cháng huì wàng jì hěn duō shì yǒu yì tiān xià wǔ tā hū
然想起那天是妈妈的生日，怎么办？她不在妈妈身
rán xiǎng qǐ nà tiān shì mā ma de shēng rì zěn me bàn tā bú zài mā ma shēn

边，如果连礼物也没有，妈妈一定会非常难过的。这
biān rú guǒ lián lǐ wù yě méi yǒu mā ma yí dìng huì fēi cháng nán guò de zhè

时她想到了上网，于是她在网上订了一束鲜花
shí tā xiǎng dào le shàng wǎng yú shì tā zài wǎng shàng dìng le yí shù xiān huā

和一个蛋糕。因为有时差，妈妈在生日那天的早上
hé yí gè dàn gāo yīn wèi yǒu shí chā mā ma zài shēng rì nà tiān de zǎo shang

收到了她的礼物，高兴极了。
shōu dào le tā de lǐ wù gāo xìng jí le

词语表
New words

1	好处	hǎochù	benefit
2	越来越	yuèláiyuè	more and more
3	十分	shífēn	very
4	不但	búdàn	not only
5	而且	érqiě	but also
6	忘记	wàngjì	forget
7	忽然	hūrán	suddenly
8	办	bàn	do
9	连	lián	even
10	难过	nánguò	sad
11	束	shù	bundle
12	鲜花	xiānhuā	fresh flower
13	时差	shíchā	jet lag
14	极	jí	very, extremely

阅读理解
Reading comprehension

1. 网购有什么好处?

   What are the benefits of online shopping?

2. 罗丝给妈妈买了什么礼物? 在哪儿买的?

   What gifts did Rose buy for her mother? Where did she buy them from?

3. 妈妈过生日时，你送过什么礼物?

   What did you give your mother for her birthday?

4. 你喜欢网购吗? 为什么?

   Do you like online shopping? Why?

一、拓展练习

猜一猜这些是什么文具。

Guess what school supplies they are.

1. 身体有圆也有方，常在铅笔盒里装。要是写错一个字，它会马上来帮忙。（　　）
2. 它是我的好朋友，每个同学全都有。纸笔书本帮我拿，可我还得背它走。（　　）
3. 白娃娃，爬黑墙，越爬个儿越小，再也没法往上长。（　　）

二、补充阅读

卖汤圆

Mài Tāngyuán

Mài tāngyuán，mài tāngyuán,	卖汤圆，卖汤圆，
Xiǎo'èrgē de tāngyuán shì yuán yòu yuán.	小二哥的汤圆是圆又圆。
Yì wǎn tāngyuán mǎn yòu mǎn,	一碗汤圆满又满，
Sān máo qián a mǎi yì wǎn.	三毛钱啊买一碗。
Tāngyuán tāngyuán，mài tāngyuán,	汤圆汤圆，卖汤圆，
Tāngyuán yíyàng kěyǐ dàng cháfàn.	汤圆一样可以当茶饭。
Mài tāngyuán，mài tāngyuán,	卖汤圆，卖汤圆，
Xiǎo'èrgē de tāngyuán shì yuán yòu yuán.	小二哥的汤圆是圆又圆。
Yào chī tāngyuán kuài lái mǎi,	要吃汤圆快来买，
Chīle tāngyuán hǎo tuányuán.	吃了汤圆好团圆。
Tāngyuán tāngyuán，mài tāngyuán,	汤圆汤圆，卖汤圆，
Mànle yí bù zhǐ pà yào màiwán.	慢了一步只怕要卖完。

（歌曲《卖汤圆》节选，作词狄薏，作曲姚敏）

第三课

3.1 你怎么去上学

nǐ zěn me qù shàng xué

阅读提示

Reading tips

在中国的大城市，很多父母开车送孩子上学，因此学校门口常常很拥堵。

In the major cities in China, many parents drive their children to school, therefore the traffic outside schools is often very bad.

马克：为什么每天早上学校门口有这么多车？
mǎ kè wèi shén me měi tiān zǎo shang xué xiào mén kǒu yǒu zhè me duō chē

小雪：那是送学生上学的。
xiǎo xuě nà shì sòng xué shēng shàng xué de

马克：他们的家离学校很远吗？
mǎ kè tā men de jiā lí xué xiào hěn yuǎn ma

小雪：有的离学校很远，但是有的是因为父母不放心孩子自己
xiǎo xuě yǒu de lí xué xiào hěn yuǎn dàn shì yǒu de shì yīn wèi fù mǔ bú fàng xīn hái zi zì jǐ

上 学。
shàng xué

马 克：为 什 么？
mǎ kè wèi shén me

小 雪：路 上 的 车 太 多 了。
xiǎo xuě lù shang de chē tài duō le

马 克：你 上 学 时 也 要 父 母 送 吗？
mǎ kè nǐ shàng xué shí yě yào fù mǔ sòng ma

小 雪：我 家 就 在 学 校 北 边，很 近，我 走 路 上 学，有 时 也 骑 自 行 车 来 学 校。
xiǎo xuě wǒ jiā jiù zài xué xiào běi bian hěn jìn wǒ zǒu lù shàng xué yǒu shí yě qí zì xíng chē lái xué xiào

马 克：我 还 以 为 所 有 的 孩 子 都 要 父 母 送 呢！
mǎ kè wǒ hái yǐ wéi suǒ yǒu de hái zi dōu yào fù mǔ sòng ne

小 雪：在 你 们 国 家，孩 子 们 怎 么 上 学？
xiǎo xuě zài nǐ men guó jiā hái zi men zěn me shàng xué

马 克：我 们 的 家 离 学 校 都 不 远，可 以 自 己 上 学。我 们 大 多 坐 校 车，只 有 很 少 的 学 生 要 父 母 送。
mǎ kè wǒ men de jiā lí xué xiào dōu bù yuǎn kě yǐ zì jǐ shàng xué wǒ men dà duō zuò xiào chē zhǐ yǒu hěn shǎo de xué shēng yào fù mǔ sòng

词语表
New words

1	放心	fàngxīn	feel at ease
2	北边	běibian	north
3	近	jìn	nearly
4	以为	yǐwéi	think
5	所有	suǒyǒu	all
6	国家	guójiā	country
7	大多	dàduō	most of
8	坐	zuò	sit
9	校车	xiàochē	school bus
10	只有	zhǐyǒu	only
11	少	shǎo	few

阅读理解
Reading comprehension

1. 父母们为什么要开车送孩子上学?
   Why do parents drive their children to school?
2. 小雪怎么上学?
   How does Xiaoxue go to school?
3. 马克他们国家的孩子怎么上学?
   How do children go to school in Mark's country?
4. 你怎么上学? 你希望父母送你上学吗? 为什么?
   How do you go to school? Do you want your parents to send you to school? Why?

3.2 我的新学校

wǒ de xīn xué xiào

阅读提示 Reading tips

丽丽换了一个新学校，今天是她第一天去新学校。

Lily just transferred to a new school. Today was her first day there.

我搬家了，妈妈帮我找了一个新学校。今天是我
wǒ bān jiā le mā ma bāng wǒ zhǎo le yí gè xīn xué xiào jīn tiān shì wǒ
第一天去新学校上学。在学校里我认识了很多新
dì yī tiān qù xīn xué xiào shàng xué zài xué xiào li wǒ rèn shi le hěn duō xīn
同学，他们都很友好。放学以后，玛丽陪我熟悉校
tóng xué tā men dōu hěn yǒu hǎo fàng xué yǐ hòu mǎ lì péi wǒ shú xi xiào
园。
yuán

学校里有教学楼、图书馆、操场。我们的教学
xué xiào li yǒu jiào xué lóu tú shū guǎn cāo chǎng wǒ men de jiào xué
楼在学校的北边，老师的办公室也在教学楼里。教学
lóu zài xué xiào de běi bian lǎo shī de bàn gōng shì yě zài jiào xué lóu li jiào xué
楼后面是一个操场，教学楼南边是图书馆。玛丽说
lóu hòu miàn shì yí gè cāo chǎng jiào xué lóu nán bian shì tú shū guǎn mǎ lì shuō
图书馆有很多书，每个学生每次可以借四本书。图
tú shū guǎn yǒu hěn duō shū měi gè xué shēng měi cì kě yǐ jiè sì běn shū tú

书馆有很大的阅览室，同学们下课后喜欢去那儿看书。
shū guǎn yǒu hěn dà de yuè lǎn shì tóng xué men xià kè hòu xǐ huan qù nàr kàn shū

学校附近有银行、超市。超市不大，但是东西很多，学生用的本子、笔、橡皮等文具都有。我开始喜欢我的新学校了。
xué xiào fù jìn yǒu yín háng chāo shì chāo shì bú dà dàn shì dōng xi hěn duō xué shēng yòng de běn zi bǐ xiàng pí děng wén jù dōu yǒu wǒ kāi shǐ xǐ huan wǒ de xīn xué xiào le

词语表
New words

1	搬家	bānjiā	move house; relocate
2	友好	yǒuhǎo	friendly
3	放学	fàngxué	after school
4	熟悉	shúxi	be familiar with
5	教学楼	jiàoxuélóu	teaching building
6	图书馆	túshūguǎn	library
7	办公室	bàngōngshì	office
8	后面	hòumiàn	back
9	南边	nánbian	south
10	阅览室	yuèlǎnshì	reading room
11	附近	fùjìn	nearby
12	本子	běnzi	notebook

阅读理解
Reading comprehension

1. 丽丽为什么换新学校?
   Why did Lily transfer to a new school?
2. 老师的办公室在哪儿?
   Where is the teacher's office?
3. 图书馆在哪儿? 怎么样?
   Where is the library? How is the library?
4. 超市在哪儿? 怎么样?
   Where is the supermarket? How is the supermarket?
5. 你的学校怎么样?
   How is your school?

一、拓展练习

设计一个学校平面图，至少要包括：教学楼、图书馆、操场、体育馆、食堂。

Design a location plan for the school and at least the teaching building, the library, the playground, the stadium and the canteen need to be included.

二、补充阅读

美丽的校园

Měilì de Xiàoyuán

Huāxiāng pūmǎnle xiàoyuán de xiǎo lù,	花香铺满了校园的小路，
Yángguāng sǎmǎnle lǜyóuyóu de cǎodì.	阳光洒满了绿油油的草地。
Wǒmen chéngzhǎng zài zhè měilì de xiàoyuán,	我们成长在这美丽的校园，
Qǐng búyào cuòguò yǎnqián de měilì.	请不要错过眼前的美丽。
Ràng wǒmen duì měi yì kē shù、měi yì duǒ huā,	让我们对每一棵树、每一朵花，
Dào yì shēng gǎnjī，liú yí gè wēixiào.	道一声感激，留一个微笑。
Ràng wǒmen de qīngchūn rú huāduǒ yìbān,	让我们的青春如花朵一般，
Zài měilì de xiàoyuán zhōng zhànfàng.	在美丽的校园中绽放。

第四课

4.1 比赛就要开始了

bǐ sài jiù yào kāi shǐ le

阅读提示 Reading tips

李平要王晨去给他们班的篮球队加油，可是王晨今天约了小雪一起去看电影。

Li Ping wanted Wang Chen to cheer for their basketball team, but today Wang Chen already promised to go to the cinema with Xiaoxue.

李 平：王 晨，快 走，比 赛 就 要 开 始 了。
lǐ píng wáng chén kuài zǒu bǐ sài jiù yào kāi shǐ le

王 晨：什 么 比 赛？
wáng chén shén me bǐ sài

李 平：学 校 的 篮 球 比 赛 呀。今 天 是 我 们 班 和 二 班 的 比 赛，赢 了 就 是 冠 军。
lǐ píng xué xiào de lán qiú bǐ sài ya jīn tiān shì wǒ men bān hé èr bān de bǐ sài yíng le jiù shì guàn jūn

王　晨：哎呀，我忘了！我和小雪约了去看电影呢。
wáng chén　āi yā　wǒ wàng le　wǒ hé xiǎo xuě yuē le qù kàn diàn yǐng ne

李　平：这次比赛很重要，你是啦啦队队长，一定要去给咱们球队加油，你以后再去看电影吧。
lǐ píng　zhè cì bǐ sài hěn zhòng yào　nǐ shì lā lā duì duì zhǎng　yí dìng yào qù gěi zán men qiú duì jiā yóu　nǐ yǐ hòu zài qù kàn diàn yǐng ba

王　晨：可是这部电影非常好看，票很难买。
wáng chén　kě shì zhè bù diàn yǐng fēi cháng hǎo kàn　piào hěn nán mǎi

李　平：那怎么办？你给小雪打个电话，看看能不能换一个时间去看。
lǐ píng　nà zěn me bàn　nǐ gěi xiǎo xuě dǎ gè diàn huà　kàn kan néng bu néng huàn yí gè shí jiān qù kàn

王　晨：好！
wáng chén　hǎo

（打电话）
dǎ diàn huà

李　平：小雪怎么说？
lǐ píng　xiǎo xuě zěn me shuō

王　晨：小雪知道今天有篮球比赛，她买的票是晚上的，我们看完比赛再去看电影。
wáng chén　xiǎo xuě zhī dào jīn tiān yǒu lán qiú bǐ sài　tā mǎi de piào shì wǎn shang de　wǒ men kàn wán bǐ sài zài qù kàn diàn yǐng

李　平：太好了！我们快走吧！
lǐ píng　tài hǎo le　wǒ men kuài zǒu ba

词语表
New words

1	冠军	guànjūn	champion
2	哎呀	āiyā	wow; oh
3	忘	wàng	forget
4	咱们	zánmen	we, us
5	球队	qiúduì	team
6	部	bù	measure word
7	换	huàn	change

阅读理解
Reading comprehension

1. 李平为什么要王晨去看这场比赛?
   Why did Li Ping want Wang Chen to go and watch the match?
2. 王晨想去干什么? 为什么?
   What did Wang Chen want to do? Why?
3. 最后他们怎么解决这个问题的?
   How did they solve this problem finally?
4. 你会怎么解决这个问题?
   What would you solve this problem?

4.2 田忌赛马

tián jì sài mǎ

阅读提示 Reading tips

这是中国古代军事家孙膑的故事，他巧妙地帮助田忌取得了赛马比赛的胜利。

This is the story of Sun Bin, an ancient Chinese military strategist. He was clever enough to help Tian Ji winning the horse race.

古时候，有个叫田忌的人，很喜欢和别人赛马，
gǔ shí hou yǒu gè jiào tián jì de rén hěn xǐ huan hé bié rén sài mǎ

看谁的马跑得快。比赛的时候，他们把马分为上、
kàn shéi de mǎ pǎo de kuài bǐ sài de shí hou tā men bǎ mǎ fēn wéi shàng

中、下三个等级，相同等级的马一起比赛，每次田
zhōng xià sān gè děng jí xiāng tóng děng jí de mǎ yì qǐ bǐ sài měi cì tián

忌的马都要慢一点儿。
jì de mǎ dōu yào màn yì diǎnr

有一天，孙膑对田忌说，他有办法让田忌赢。比
yǒu yì tiān sūn bìn duì tián jì shuō tā yǒu bàn fǎ ràng tián jì yíng bǐ

赛开始了：第一场，孙膑用田忌的下等马和别人的
sài kāi shǐ le dì yī chǎng sūn bìn yòng tián jì de xià děng mǎ hé bié rén de

上等马比，田忌输了；第二场，田忌的上等马和
shàng děng mǎ bǐ tián jì shū le dì èr chǎng tián jì de shàng děng mǎ hé

别人的中等马比，田忌赢了；第三场，田忌的中
bié rén de zhōng děng mǎ bǐ tián jì yíng le dì sān chǎng tián jì de zhōng

等马又赢了别人的下等马。
děng mǎ yòu yíng le bié rén de xià děng mǎ

这样，比赛结束了，田忌赢了。他十分高兴，非
zhè yàng bǐ sài jié shù le tián jì yíng le tā shí fēn gāo xìng fēi

常感谢孙膑——这位中国古时候有名的军事家。
cháng gǎn xiè sūn bìn zhè wèi zhōng guó gǔ shí hou yǒu míng de jūn shì jiā

词语表
New words

1	赛马	sàimǎ	horse race
2	古时候	gǔ shíhou	ancient times
3	别人	biérén	other people
4	马	mǎ	horse
5	分为	fēnwéi	divide into
6	等级	děngjí	level
7	相同	xiāngtóng	same
8	办法	bànfǎ	method
9	下等	xiàděng	low-class; inferior
10	上等	shàngděng	first-class; superior
11	输	shū	lose
12	中等	zhōngděng	medium
13	感谢	gǎnxiè	thank
14	军事家	jūnshìjiā	militarist; strategist

阅读理解
Reading comprehension

1. 以前的比赛，田忌为什么总是输?
   Why Tian Ji always lost in the previous races?
2. 这一次田忌为什么赢了?
   How did Tian Ji win this time?
3. 孙膑是谁?
   Who was Sun Bin?
4. 从这个故事里你能学到什么?
   What did you learn from the story?

一、拓展练习

根据下面的描述完成羽毛球比赛对阵表。

Complete the badminton match team list with the below description.

A1－A4分别是七年级1－4班，B1－B4分别是八年级1－4班。比赛结果是：七年级1班赢了2班，3班赢了4班，在第二轮3班输了；八年级2班赢了1班，3班赢了4班，在第二轮2班输了。

羽毛球比赛对阵表

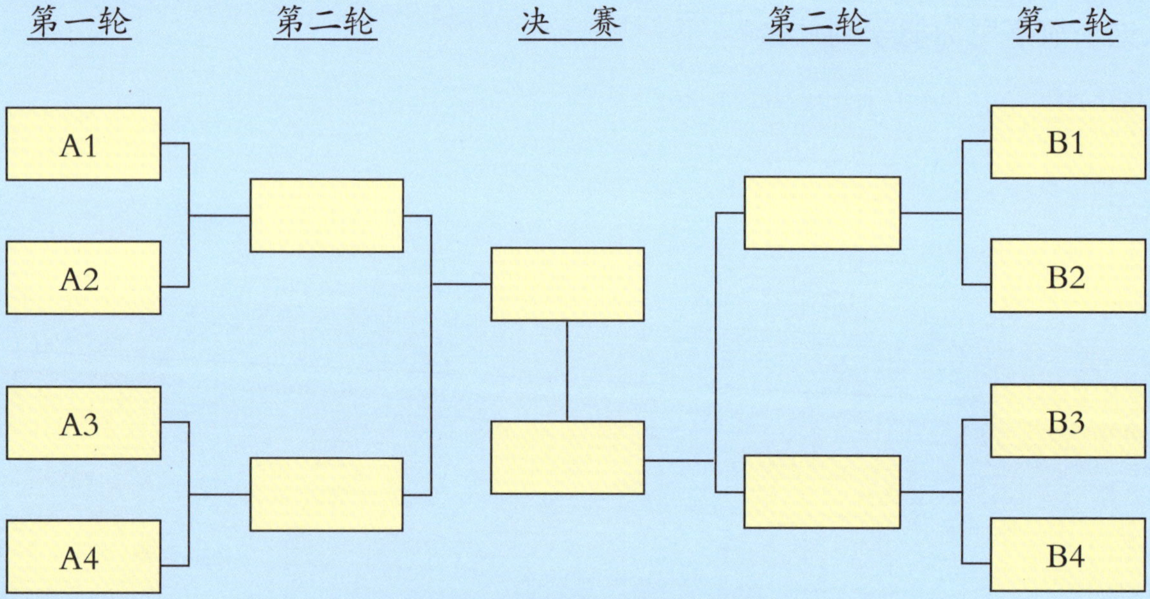

二、补充阅读

阳光总在风雨后

Yángguāng Zǒng Zài Fēngyǔ Hòu

Rénshēng lùshang tián kǔ hé xǐ yōu,
Yuàn yǔ nǐ fēndān suǒyǒu.
Nánmiǎn céngjīng diēdǎo hé děnghòu,
Yào yǒnggǎn de táitóu.

人生路上甜苦和喜忧，
愿与你分担所有。
难免曾经跌倒和等候，
要勇敢地抬头。

Yángguāng zǒng zài fēngyǔ hòu,
Wūyún shang yǒu qíngkōng.
Zhēnxī suǒyǒu de gǎndòng,
Měi yí fèn xīwàng zài nǐ shǒu zhōng.

阳光总在风雨后，
乌云上有晴空。
珍惜所有的感动，
每一份希望在你手中。

Yángguāng zǒng zài fēngyǔ hòu,
Qǐng xiāngxìn yǒu cǎihóng.
Fēngfēngyǔyǔ dōu jiēshòu,
Wǒ yìzhí huì zài nǐ de zuǒyòu.

阳光总在风雨后，
请相信有彩虹。
风风雨雨都接受，
我一直会在你的左右。

（歌曲《阳光总在风雨后》节选，作词、作曲陈佳明）

第五课

5.1 我们去看电影吧

wǒ men qù kàn diàn yǐng ba

阅读提示 Reading tips

李华和杰克准备一起去看电影。

Li Hua and Jack are going to the cinema together.

李华：听说《未来计划》很好看，明天我们去看吧。

lǐ huá tīng shuō wèi lái jì huà hěn hǎo kàn míng tiān wǒ men qù kàn ba

杰克：这部电影是讲什么的？

jié kè zhè bù diàn yǐng shì jiǎng shén me de

李华：讲地球人向外星移民。

lǐ huá jiǎng dì qiú rén xiàng wài xīng yí mín

杰克：我喜欢看科幻电影，应该很有意思。

jié kè wǒ xǐ huan kàn kē huàn diàn yǐng yīng gāi hěn yǒu yì si

李华：我们看什么时间的？

lǐ huá wǒ men kàn shén me shí jiān de

杰克：下午的吧，看完电影我们一起吃晚饭，怎么样？
jié kè xià wǔ de ba kàn wán diàn yǐng wǒ men yì qǐ chī wǎn fàn zěn me yàng

李华：好，我查一下。真可惜，下午的票都卖完了，只有晚上的了。
lǐ huá hǎo wǒ chá yí xià zhēn kě xī xià wǔ de piào dōu mài wán le zhǐ yǒu wǎn shang de le

杰克：那就买晚上的，我们先吃饭，再去看电影。
jié kè nà jiù mǎi wǎn shang de wǒ men xiān chī fàn zài qù kàn diàn yǐng

李华：晚上有五点半、七点一刻和八点五十的，我们看七点一刻的吧。
lǐ huá wǎn shang yǒu wǔ diǎn bàn qī diǎn yí kè hé bā diǎn wǔ shí de wǒ men kàn qī diǎn yí kè de ba

杰克：好，五点半早了一点儿，来不及吃晚饭，八点五十的看完回家太晚了。
jié kè hǎo wǔ diǎn bàn zǎo le yì diǎnr lái bu jí chī wǎn fàn bā diǎn wǔ shí de kàn wán huí jiā tài wǎn le

词语表
New words

1	未来	wèilái	future
2	计划	jìhuà	plan
3	讲	jiǎng	tell
4	地球	dìqiú	the earth
5	外星	wàixīng	alien
6	移民	yímín	immigrate
7	科幻	kēhuàn	science fiction
8	晚饭	wǎnfàn	dinner
9	可惜	kěxī	regrettable
10	先	xiān	first
11	来不及	láibují	too late to
12	晚	wǎn	late

阅读理解
Reading comprehension

1. 杰克想看《未来计划》吗？为什么？
   Did Jack want to see the film Future Plan? Why?
2. 他们希望看什么时间的电影？
   What time did they want to see the film?
3. 他们为什么选七点一刻的电影？
   Why did they choose the movie at 7:15?
4. 你喜欢看什么样的电影？
   What kind of movies do you like?

5.2 世界阅读日[1]
shì jiè yuè dú rì

阅读提示
Reading tips

联合国教科文组织把4月23日定为“世界阅读日”，这有着特别的含义。

UNESCO announced April 23rd as the “World Book & Copyright Day”. It has the special meaning.

现在，人们读书的时间越来越少。为了鼓励人们
xiàn zài rén men dú shū de shí jiān yuè lái yuè shǎo wèi le gǔ lì rén men

多读书，联合国教科文组织[2]从1995年开始，把4月23
duō dú shū lián hé guó jiào kē wén zǔ zhī cóng nián kāi shǐ bǎ yuè

日定为“世界阅读日”，希望读书成为每个人生活
rì dìng wéi shì jiè yuè dú rì xī wàng dú shū chéng wéi měi gè rén shēng huó

中重要的部分。很多国家会在这一天开展很多鼓
zhōng zhòng yào de bù fen hěn duō guó jiā huì zài zhè yì tiān kāi zhǎn hěn duō gǔ

励人们阅读的活动。
lì rén men yuè dú de huó dòng

---

① World Book & Copyright Day.

② UNESCO (United Nations Educational, Scientific and Cultural Organization).

"4·23"在文学界有特殊意义。莎士比亚[1]和塞万
zài wén xué jiè yǒu tè shū yì yì shā shì bǐ yà hé sài wàn

提斯[2]这两位文学家都是在1616年4月23日逝世的。
tí sī zhè liǎng wèi wén xué jiā dōu shì zài nián yuè rì shì shì de

此外，这一天也是莫里斯·德吕翁[3]、哈多尔·基里扬·
cǐ wài zhè yì tiān yě shì mò lǐ sī dé lǚ wēng hā duō ěr jī lǐ yáng

拉克司内斯[4]和弗拉基米尔·纳博科夫[5]等文学家的
lā kè sī nèi sī hé fú lā jī mǐ ěr nà bó kē fū děng wén xué jiā de

生日。因此，把4月23日定为"世界阅读日"可以说
shēng rì yīn cǐ bǎ yuè rì dìng wéi shì jiè yuè dú rì kě yǐ shuō

是有特殊意义的。
shì yǒu tè shū yì yì de

莎士比亚

塞万提斯

---

① William Shakespeare.

② Miguel de Cervantes Saavedra.

③ Maurice Druon.

④ Halldó Kiljan Laxness.

⑤ Vladimir Vladimirovich Nabokov.

词语表
New words

1 阅读	yuèdú	read
2 为了	wèile	in order to
3 鼓励	gǔlì	encourage
4 定为	dìngwéi	as
5 成为	chéngwéi	become
6 部分	bùfen	part
7 开展	kāizhǎn	launch
8 文学界	wénxuéjiè	literary world
9 特殊	tèshū	special
10 意义	yìyì	meaning
11 文学家	wénxuéjiā	person of letters
12 逝世	shìshì	pass away; die
13 此外	cǐwài	besides

阅读理解
Reading comprehension

1. “世界阅读日”在哪一天？为什么定在那一天？
   What day is “World Book & Copyright Day”? Why on that day?
2. 为什么要设立“世界阅读日”？
   Why should set up“World Book & Copyright Day”?
3. 你喜欢阅读吗？你读过文章中提到的那些作家的作品吗？
   Do you enjoy reading? Have you ever read the works of the writers mentioned in the article?
4. 你还知道哪些作家？
   Which other writers do you know?

一、拓展练习

这是某电影院今天的放映计划，请根据要求填空。

This is a film projection table that was shown in a cinema today. Please fill in the blanks according to the requirements.

电影名称	评分	类型	放映时间	场次
重生	8.8分	科幻	97分钟	10:00 14:20 16:15 18:10 22:00
你是我的世界	9.3分	爱情	124分钟	13:10 14:10 17:00 19:20
拳师	8.1分	动作	118分钟	09:30 11:50 16:30 18:50 21:10
路人	8.7分	喜剧	113分钟	13:45 16:00 20:10 22:25
茶路	9.0分	历史	100分钟	12:15 15:30 17:45 19:00

1. 你和朋友想看一场历史电影，你们可以选择________________

2. 你和朋友想看一场最受欢迎的电影，你们可以选择________________

3. 你和你的朋友想看三场电影，你们的安排是（名称、时间）________________

____

____

二、补充阅读

热爱生命

Rè'ài Shēngmìng

Wǒ bú qù xiǎng shìfǒu nénggòu chénggōng,	我不去想是否能够成功，
Jìrán xuǎnzéle yuǎnfāng,	既然选择了远方，
Biàn zhǐgù fēngyǔ-jiānchéng.	便只顾风雨兼程。
Wǒ bú qù xiǎng néngfǒu yíngdé àiqíng,	我不去想能否赢得爱情，
Jìrán zhōngqíng yú méigui,	既然钟情于玫瑰，
Jiù yǒnggǎn de tǔlù zhēnchéng.	就勇敢地吐露真诚。
Wǒ bú qù xiǎng shēnhòu huì bu huì xílái hánfēng-lěngyǔ,	我不去想身后会不会袭来寒风冷雨，
Jìrán mùbiāo shì dìpíngxiàn,	既然目标是地平线，
Liú gěi shìjiè de zhǐnéng shì bèiyǐng.	留给世界的只能是背影。
Wǒ bú qù xiǎng wèilái shì píngtǎn háishi nínìng,	我不去想未来是平坦还是泥泞，
Zhǐyào rè'ài shēngmìng,	只要热爱生命，
Yíqiè，dōu zài yìliào zhīzhōng.	一切，都在意料之中。

（作者汪国真）

第六课

6.1 我的工程

wǒ de gōng chéng

阅读提示

Reading tips

小雪想请王晨和她一起去看歌星的演唱会。

Xiaoxue asked Wang Chen to go to the concert with her.

小　雪：你看到海报了吗？我最喜欢的那个**歌星**就要来我们城市**演出**了。

xiǎo xuě　nǐ kàn dào hǎi bào le ma　wǒ zuì xǐ huan de nà ge gē xīng jiù yào lái wǒ men chéng shì yǎn chū le

王　晨：哦，是吗？你打算去看他的演出吗？

wáng chén　ó　shì ma　nǐ dǎ suàn qù kàn tā de yǎn chū ma

小　雪：当然，我是他的**歌迷**。不过听说**票**很难买，我打算明

xiǎo xuě　dāng rán　wǒ shì tā de gē mí　bú guò tīng shuō piào hěn nán mǎi　wǒ dǎ suàn míng

天早上五点就起床去排队买票，你和我一起去吗？
tiān zǎo shang wǔ diǎn jiù qǐ chuáng qù pái duì mǎi piào nǐ hé wǒ yì qǐ qù ma

王晨：我的工程还没做完呢。
wáng chén wǒ de gōng chéng hái méi zuò wán ne

小雪：你的工程？就是电脑游戏吧！老玩游戏对身体不好。
xiǎo xuě nǐ de gōng chéng jiù shì diàn nǎo yóu xì ba lǎo wán yóu xì duì shēn tǐ bù hǎo

王晨：这个游戏不是为了玩，是用电脑设计和搭建建筑，我和朋友们打算把世界上所有有名的建筑都搭建出来呢。
wáng chén zhè ge yóu xì bú shì wèi le wán shì yòng diàn nǎo shè jì hé dā jiàn jiàn zhù wǒ hé péng you men dǎ suàn bǎ shì jiè shang suǒ yǒu yǒu míng de jiàn zhù dōu dā jiàn chū lái ne

小雪：真的？
xiǎo xuě zhēn de

王晨：我们现在在搭建长城呢！你想参观一下吗？
wáng chén wǒ men xiàn zài zài dā jiàn cháng chéng ne nǐ xiǎng cān guān yí xià ma

小雪：好啊。
xiǎo xuě hǎo a

王晨：怎么样？
wáng chén zěn me yàng

小雪：你们真了不起！我也跟你们一起做吧，不去看演出了。
xiǎo xuě nǐ men zhēn liǎo bu qǐ wǒ yě gēn nǐ men yì qǐ zuò ba bú qù kàn yǎn chū le

词语表
New words

1	工程	gōngchéng	project
2	歌星	gēxīng	singing star
3	演出	yǎnchū	live show; performance
4	歌迷	gēmí	fan (of a song or a singer)
5	票	piào	ticket
6	排队	páiduì	queue (up)
7	游戏	yóuxì	game
8	老	lǎo	always
9	设计	shèjì	design
10	搭建	dājiàn	build; establish
11	建筑	jiànzhù	architecture
12	出来	chūlái	out
13	参观	cānguān	visit
14	了不起	liǎobuqǐ	amazing

阅读理解
Reading comprehension

1. 小雪想请王晨去做什么?
   What did Xiaoxue ask Wang Chen to do with her?
2. 王晨在忙什么?
   What is Wang Chen being busy with?
3. 小雪为什么不去听演唱会了?
   Why Xiaoxue didn't go to the concert?
4. 你玩电脑游戏吗?
   Do you play computer games?

6.2 beatbox俱乐部

jù lè bù

阅读提示 Reading tips

小陈和朋友们一起组织了一个beatbox俱乐部。

Xiao Chen and his friends organized a beatboxing club.

beatbox就是用人的声音来模仿乐器的表演，最
jiù shì yòng rén de shēng yīn lái mó fǎng yuè qì de biǎo yǎn zuì

早是从美国开始的，现在越来越多的人开始喜欢。
zǎo shì cóng měi guó kāi shǐ de xiàn zài yuè lái yuè duō de rén kāi shǐ xǐ huan

两年前，小陈看到了一段beatbox的视频。他一
liǎng nián qián xiǎo chén kàn dào le yí duàn de shì pín tā yí

下子爱上了这种表演。小陈的几个朋友也觉得
xià zi ài shàng le zhè zhǒng biǎo yǎn xiǎo chén de jǐ gè péng you yě jué de

beatbox很酷，而且不难学，他们就在学校成立了一
hěn kù ér qiě bù nán xué tā men jiù zài xué xiào chéng lì le yí

个beatbox俱乐部，常常在一起练习。有时候他们比
gè jù lè bù cháng cháng zài yì qǐ liàn xí yǒu shí hou tā men bǐ

赛看谁模仿得更好，有时候他们围在一起模仿一
sài kàn shéi mó fǎng de gèng hǎo yǒu shí hou tā men wéi zài yì qǐ mó fǎng yí

段，学习的疲劳马上就没有了。
duàn xué xí de pí láo mǎ shàng jiù méi yǒu le

为了让更多的同学了解和喜欢beatbox，学校每次演出，小陈他们俱乐部都会参加。新学期的时候，小陈都会给新同学发微信，邀请他们参加俱乐部。现在他们俱乐部已经有二十多人了。
wèi le ràng gèng duō de tóng xué liǎo jiě hé xǐ huan xué xiào měi cì yǎn chū xiǎo chén tā men jù lè bù dōu huì cān jiā xīn xué qī de shí hou xiǎo chén dōu huì gěi xīn tóng xué fā wēi xìn yāo qǐng tā men cān jiā jù lè bù xiàn zài tā men jù lè bù yǐ jīng yǒu èr shí duō rén le

词语表
New words

1	声音	shēngyīn	voice
2	模仿	mófǎng	imitate
3	乐器	yuèqì	instrument
4	表演	biǎoyǎn	performance
5	段	duàn	measure word
6	视频	shìpín	video
7	酷	kù	cool
8	成立	chénglì	found; establish
9	更	gèng	more
10	围	wéi	enclose
11	疲劳	píláo	tired
12	马上	mǎshàng	immediately
13	了解	liǎojiě	understand; know
14	发	fā	send
15	微信	wēixìn	WeChat
16	邀请	yāoqǐng	invite

阅读理解
Reading comprehension

1. 小陈和他的朋友为什么喜欢beatbox？

   Why do Xiao Chen and his friends love beatbox?

2. 他们俱乐部有哪些活动?

   What activities are there in their club?

3. 小陈怎么扩大他的俱乐部?

   What did Xiao Chen do for expanding his club?

4. 你们学校有哪些俱乐部? 你参加了什么俱乐部?

   What clubs do you have in your school? Which one did you join?

一、拓展练习

根据下面的海报填空。

Fill in the blanks according to the poster.

这是一个______________________，地点是______________________________，时间是______________________。

二、补充阅读

十七岁的雨季

Shíqī Suì de Yǔjì

Dāng wǒ háishi xiǎoháizi,	当我还是小孩子，
Mén qián yǒu xǔduō de mòlìhuā,	门前有许多的茉莉花，
Sànfāzhe dàndàn de qīngxiāng.	散发着淡淡的清香。
Dāng wǒ jiànjiàn de zhǎngdà,	当我渐渐地长大，
Mén qián de nàxiē mòlìhuā,	门前的那些茉莉花，
Yǐjīng mànmàn de kūwěi, bú zài méngyá.	已经慢慢地枯萎，不再萌芽。
Shénmeyàng de xīnqíng,	什么样的心情，
Shénmeyàng de niánjì,	什么样的年纪，
Shénmeyàng de huānyú,	什么样的欢愉，
Shénmeyàng de kūqì.	什么样的哭泣。
Shíqī suì nà nián de yǔjì,	十七岁那年的雨季，
Wǒmen yǒu gòngtóng de qīxǔ,	我们有共同的期许，
Yě céngjīng jǐnjǐn yōngbào zài yìqǐ.	也曾经紧紧拥抱在一起。
Shíqī suì nà nián de yǔjì,	十七岁那年的雨季，
Huíyì qǐ tóngnián de diǎndiǎndīdī,	回忆起童年的点点滴滴，
Què fāxiàn chéngzhǎng yǐ mànmàn jiējìn.	却发现成长已慢慢接近。

（歌曲《十七岁的雨季》，作词、作曲潘洪烈）

第七课

7.1

我的家
wǒ de jiā

阅读提示

Reading tips

向朋友们介绍一下自己家的家居布置。

To introduce your home decorate to friends.

我的家很漂亮，也很宽敞。
wǒ de jiā hěn piào liang yě hěn kuān chang

打开门，最先看见的是餐厅和
dǎ kāi mén zuì xiān kàn jiàn de shì cān tīng hé

客厅。餐厅里有一张大餐桌，大餐
kè tīng cān tīng li yǒu yì zhāng dà cān zhuō dà cān

桌的旁边是六把椅子。客厅里有
zhuō de páng biān shì liù bǎ yǐ zi kè tīng li yǒu

一个沙发，很舒服。沙发的对面有
yí gè shā fā hěn shū fu shā fā de duì miàn yǒu

一台大电视。
yì tái dà diàn shì

客厅的右边是厨房。为了给我
kè tīng de yòu bian shì chú fáng wèi le gěi wǒ

们准备好吃的饭菜，妈妈每天都要在这里忙很长
men zhǔn bèi hǎo chī de fàn cài mā ma měi tiān dōu yào zài zhè lǐ máng hěn cháng
时间。厨房的旁边是书房，书房里边有好几个大书
shí jiān chú fáng de páng biān shì shū fáng shū fáng lǐ bian yǒu hǎo jǐ gè dà shū
架，书架上有很多书，爸爸喜欢一个人在书房里看书。
jià shū jià shang yǒu hěn duō shū bà ba xǐ huan yí gè rén zài shū fáng li kàn shū

客厅的左边是两间卧室和卫生间。我和妹妹的
kè tīng de zuǒ bian shì liǎng jiān wò shì hé wèi shēng jiān wǒ hé mèi mei de
卧室不太大，是我们睡觉的地方，也是我们学习和
wò shì bú tài dà shì wǒ men shuì jiào de dì fang yě shì wǒ men xué xí hé
写作业的地方。爸爸妈妈的卧室很大，有一张大床，
xiě zuò yè de dì fang bà ba mā ma de wò shì hěn dà yǒu yì zhāng dà chuáng
还有一台电视机，晚上妈妈经常躺在床上看
hái yǒu yì tái diàn shì jī wǎn shang mā ma jīng cháng tǎng zài chuáng shang kàn
电视。
diàn shì

这就是我的家，你觉得怎么样？
zhè jiù shì wǒ de jiā nǐ jué de zěn me yàng

词语表
New words

1	打开	dǎkāi	open
2	餐厅	cāntīng	dining room
3	客厅	kètīng	living room
4	餐桌	cānzhuō	dining table
5	沙发	shāfā	sofa
6	对面	duìmiàn	opposite side
7	台	tái	measure word
8	厨房	chúfáng	kitchen
9	书房	shūfáng	studying room
10	书架	shūjià	bookshelf, bookcase
11	间	jiān	measure word
12	卧室	wòshì	bedroom
13	床	chuáng	bed
14	躺	tǎng	lie

阅读理解
Reading comprehension

1. 如果走进“我”的家，最先看见的是什么？
   If you come into my house, what would be the first to see?
2. 厨房在哪儿？
   Where is the kitchen?
3. “我”和妹妹的卧室怎么样？
   How is my bedroom and my sister's?
4. 你家有几个房间？请介绍一下。
   How many rooms are there in your house?Please tell us about them.

7.2 爸爸总是知道我们爱吃什么
bà ba zǒng shì zhī dào wǒ men ài chī shén me

阅读提示
Reading tips

妈妈给杰克打电话。

Mom is calling Jack.

妈妈：喂，杰克！你在干什么呢？
mā ma wèi jié kè nǐ zài gān shén me ne

杰克：妈妈，我正在写作业呢！你什么时候回家？
jié kè mā ma wǒ zhèng zài xiě zuò yè ne nǐ shén me shí hou huí jiā

妈妈：今天的工作非常多，妈妈可能得晚一点儿回家。爸爸和妹妹都回来了吧？
mā ma jīn tiān de gōng zuò fēi cháng duō mā ma kě néng děi wǎn yì diǎnr huí jiā bà ba hé mèi mei dōu huí lái le ba

杰克：他们都回来了。
jié kè tā men dōu huí lái le

妈妈：他们在干什么？
mā ma tā men zài gàn shén me

杰克：爸爸在书房上网聊天儿，妹妹在客厅的沙
jié kè bà ba zài shū fáng shàng wǎng liáo tiānr mèi mei zài kè tīng de shā

发上看书。要等你回来吃饭吗？
fā shang kàn shū yào děng nǐ huí lái chī fàn ma

妈妈：不用了。让爸爸给你们做饭吧，我自己在公司吃饭。
mā ma bú yòng le ràng bà ba gěi nǐ men zuò fàn ba wǒ zì jǐ zài gōng sī chī fàn

杰克：啊？让爸爸做饭？
jié kè á ràng bà ba zuò fàn

妈妈：别担心，爸爸知道你们最爱吃什么。
mā ma bié dān xīn bà ba zhī dào nǐ men zuì ài chī shén me

杰克：放心吧，妈妈。我一点儿也不担心，因为爸爸总是知道哪个饭馆有我们最爱吃的炸鸡和汉堡。
jié kè fàng xīn ba mā ma wǒ yì diǎnr yě bù dān xīn yīn wèi bà ba zǒng shì zhī dào nǎ ge fàn guǎn yǒu wǒ men zuì ài chī de zhá jī hé hàn bǎo

词语表

New words

1	回家	huí jiā	go home
2	得	děi	have to
3	回来	huílái	come back
4	不用	búyòng	not need, don't have to
5	公司	gōngsī	company
6	饭馆	fànguǎn	restaurant
7	炸鸡	zhájī	fried chicken
8	汉堡	hànbǎo	burger

阅读理解

Reading comprehension

1. 妈妈打电话的时候，杰克和爸爸、妹妹正在做什么?

   What were Jack、father and sister doing while mother talking to someone on phone?

2. 妈妈回家吃饭吗? 为什么?

   Would mom come home for dinner? Why?

3. 妈妈不在家的时候，爸爸常常给杰克和妹妹准备什么饭?

   What meal will father prepare for Jack and his sister when mom is not home?

4. 你家是谁做饭? 你喜欢炸鸡和汉堡吗?

   Who cooks at your home? Do you like fried chicken and burger?

一、拓展练习

1. 看图，写出房间的名称和房间里有什么。

See pictures below and write down what rooms are those for, and what are there in the rooms.

这是______________，

房间里有____________________________________。

这是______________，

房间里有____________________________________。

这是______________，

房间里有____________________________________。

这是______________，

房间里有____________________________________。

2. 画出你们家房子的平面图，标出卧室、客厅、餐厅、厨房、卫生间的位置。

Draw the plan of your house and note the positions of the bedroom, sitting room, dining room, kitchen and washroom.

二、补充阅读

面朝大海，春暖花开

Miàn Cháo Dàhǎi，Chūn Nuǎn Huā Kāi

Cóng míngtiān qǐ，zuò yí gè xìngfú de rén
Wèi mǎ、pī chái，zhōuyóu shìjiè
Cóng míngtiān qǐ，guānxīn liángshi hé shūcài
Wǒ yǒu yì suǒ fángzi
Miàn cháo dàhǎi，chūn nuǎn huā kāi
Cóng míngtiān qǐ，hé měi yí gè qīnrén tōngxìn
Gàosu tāmen wǒ de xìngfú
Nà xìngfú de shǎndiàn gàosu wǒ de
Wǒ jiāng gàosu měi yí gè rén
Gěi měi yì tiáo hé měi yí zuò shān
Qǔ yí gè wēnnuǎn de míngzi
Mòshēngrén，wǒ yě wèi nǐ zhùfú
Yuàn nǐ yǒu yí gè cànlàn de qiánchéng
Yuàn nǐ yǒuqíngrén zhōng chéng juànshǔ
Yuàn nǐ zài chénshì huòdé xìngfú
Wǒ zhǐ yuàn miàn cháo dàhǎi，chūn nuǎn huā kāi

从明天起，做一个幸福的人
喂马、劈柴，周游世界
从明天起，关心粮食和蔬菜
我有一所房子
面朝大海，春暖花开
从明天起，和每一个亲人通信
告诉他们我的幸福
那幸福的闪电告诉我的
我将告诉每一个人
给每一条河每一座山
取一个温暖的名字
陌生人，我也为你祝福
愿你有一个灿烂的前程
愿你有情人终成眷属
愿你在尘世获得幸福
我只愿面朝大海，春暖花开

（作者海子）

第八课

8.1 生日聚会邀请信

shēng rì jù huì yāo qǐng xìn

阅读提示 Reading tips

给朋友们发信，邀请他们来参加你的生日聚会。

Send letters to friends and ask them to come and join the party to celebrate your birthday.

亲爱的朋友们：
qīn ài de péng you men

11月5号（星期六）是我的生日，到时候会举办一场生日晚会，希望你们能参加。
yuè hào (xīng qī liù) shì wǒ de shēng rì, dào shí hou huì jǔ bàn yì chǎng shēng rì wǎn huì, xī wàng nǐ men néng cān jiā.

晚会就在我家举办，地址是15街1216号，时间是晚上六点到九点。
wǎn huì jiù zài wǒ jiā jǔ bàn, dì zhǐ shì jiē hào, shí jiān shì wǎn shang liù diǎn dào jiǔ diǎn.

晚会上有我们全家人为你们
wǎn huì shang yǒu wǒ men quán jiā rén wèi nǐ men

精心准备的自助餐，其中有各种饮料，还有我们
jīng xīn zhǔn bèi de zì zhù cān， qí zhōng yǒu gè zhǒng yǐn liào hái yǒu wǒ men

自己做的面包和点心等，希望你们喜欢。
zì jǐ zuò de miàn bāo hé diǎn xin děng xī wàng nǐ men xǐ huan

参加这次晚会的除了我的家人，就是同学和朋
cān jiā zhè cì wǎn huì de chú le wǒ de jiā rén， jiù shì tóng xué hé péng

友。你们都是我最喜欢的人，希望你们能陪我过
you nǐ men dōu shì wǒ zuì xǐ huan de rén xī wàng nǐ men néng péi wǒ guò

生日。我们可以一起聊天儿、唱歌、跳舞，度过一个
shēng rì wǒ men kě yǐ yì qǐ liáo tiānr chàng gē tiào wǔ dù guò yí gè

愉快的晚上。
yú kuài de wǎn shang

期待你们的到来！
qī dài nǐ men de dào lái

你们的好朋友：朱莉
nǐ men de hǎo péng you zhū lì

10月27日
yuè rì

词语表
New words

1	举办	jǔbàn	hold
2	晚会	wǎnhuì	evening party
3	精心	jīngxīn	elaborately
4	自助餐	zìzhùcān	buffet
5	其中	qízhōng	among
6	面包	miànbāo	bread
7	点心	diǎnxin	dessert, pastry
8	除了	chúle	besides
9	唱歌	chàng gē	sing
10	跳舞	tiàowǔ	dance
11	度过	dùguò	spend
12	期待	qīdài	expect, look forward to
13	到来	dàolái	arrival, coming

阅读理解
Reading comprehension

1. 朱莉的生日是什么时候？生日晚会在哪儿举行？
   When is Julie's birthday? Where is she having the birthday party?
2. 哪些人会参加生日晚会？
   Who will take part in the birthday party?
3. 晚会上，大家会做什么？
   What will they do at the party?
4. 你一般怎么过生日？
   How do you usually spend your birthday?

8.2 送什么礼物好
sòng shén me lǐ wù hǎo

阅读提示 Reading tips

杰克的妈妈就要过生日了，爸爸在和杰克以及他三岁的妹妹商量送什么礼物给妈妈。

Jack's mother's birthday is coming, father is discussing with Jack and his three-year-old sister about what gift will they give to mom.

爸爸：下个星期天就是妈妈的生日了，你们准备好礼物了吗？
bà ba xià gè xīng qī tiān jiù shì mā ma de shēng rì le nǐ men zhǔn bèi hǎo lǐ wù le ma

杰克：我要给妈妈写一张贺卡，祝妈妈生日快乐，还想送她一条新围巾。
jié kè wǒ yào gěi mā ma xiě yì zhāng hè kǎ zhù mā ma shēng rì kuài lè hái xiǎng sòng tā yì tiáo xīn wéi jīn

爸爸：真是好主意！妈妈一定喜欢。妹妹想送什么礼物？
bà ba zhēn shì hǎo zhǔ yi mā ma yí dìng xǐ huan mèi mei xiǎng sòng shén me lǐ wù

妹妹：我想送妈妈一辆汽车，这样妈妈就可以快一
mèi mei wǒ xiǎng sòng mā ma yí liàng qì chē zhè yàng mā ma jiù kě yǐ kuài yì

点儿下班回家了。
diǎnr xià bān huí jiā le

爸爸：宝贝，你知道买一辆汽车要多少钱吗？
bà ba bǎo bèi nǐ zhī dào mǎi yí liàng qì chē yào duō shao qián ma

妹妹：不知道啊。不过，我现在有很多钱，都在存钱罐里，我都拿出来给妈妈买汽车。
mèi mei bù zhī dào a bú guò wǒ xiàn zài yǒu hěn duō qián dōu zài cún qián guàn li wǒ dōu ná chū lái gěi mā ma mǎi qì chē

杰克：都拿出来也不够，你还是换一个礼物吧。
jié kè dōu ná chū lái yě bú gòu nǐ hái shi huàn yí gè lǐ wù ba

爸爸：妈妈最爱你了，你自己就是最好的礼物啊。
bà ba mā ma zuì ài nǐ le nǐ zì jǐ jiù shì zuì hǎo de lǐ wù a

妹妹：那我只要买一个大箱子就可以了。
mèi mei nà wǒ zhǐ yào mǎi yí gè dà xiāng zi jiù kě yǐ le

杰克：对啊，你自己钻进箱子里，我和爸爸把你当礼物送给妈妈，妈妈一定很开心。
jié kè duì a nǐ zì jǐ zuān jìn xiāng zi li wǒ hé bà ba bǎ nǐ dāng lǐ wù sòng gěi mā ma mā ma yí dìng hěn kāi xīn

妹妹：爸爸送什么礼物呢？
mèi mei bà ba sòng shén me lǐ wù ne

爸爸：爸爸的礼物是一个惊喜，到妈妈生日那天就知道了。
bà ba bà ba de lǐ wù shì yí gè jīng xǐ dào mā ma shēng rì nà tiān jiù zhī dào le

词语表
New words

1	主意	zhǔyi	idea
2	汽车	qìchē	car
3	下班	xiàbān	after work
4	钱	qián	money
5	存钱罐	cúnqiánguàn	saving pot, money box
6	够	gòu	enough
7	箱子	xiāngzi	box
8	钻进	zuānjìn	get in
9	开心	kāixīn	happy, joy
10	惊喜	jīngxǐ	surprise

阅读理解
Reading comprehension

1. 妈妈的生日是什么时候?

   When is mother's birthday?

2. 杰克打算送妈妈什么礼物?

   What gift is Jack going to give his mother?

3. 妹妹打算送妈妈什么礼物? 为什么?

   What gift is Jack's sister going to give her mother? Why?

4. 爸爸建议妹妹送什么礼物?

   What gift did father suggest Jack's sister to give?

5. 你最想要的生日礼物是什么? 为什么?

   What is the birthday present that you want the most? Why?

一、拓展练习

你家有几口人？问问家人的生日，想想你要送他们什么礼物，然后填写下表。

How many people are there in your family? Ask family members' birthdays, think about what do you want to give them as gifts, and then fill in the table below.

		生日	礼物	为什么
1	爸爸			
2	妈妈			
3				
4				
5				

二、补充阅读

让爱住我家

Ràng Ài Zhù Wǒ Jiā

Nǚ'ér：Wǒ ài wǒ de jiā，dìdi bàba māma，ài shì bù jídù，dìdi yǒu shá wǒ yǒu shá.

Qīzi：Wǒ ài wǒ de jiā，érzi nǚ'ér wǒ de tā，ài jiù shì gǎnxiè，bú jì rènhé dàijià.

Zhàngfu：Wǒ ài wǒ de jiā，érzi、nǚ'ér、wǒ qīn'ài de tā，ài jiù shì zhēnxī shíguāng hé niánhuá.

Hé：Ràng ài tiāntiān zhù nǐ jiā，ràng ài tiāntiān zhù wǒ jiā，bù fēn rìyè qiū dōng chūn xià，quánxīn-quányì ài wǒmen de jiā. Ràng ài tiāntiān zhù nǐ jiā，ràng ài tiāntiān zhù wǒ jiā，chōngmǎn kuàilè yōngyǒu píng'ān，ràng ài yǒngyuǎn zhù wǒmen de jiā.

女儿：我爱我的家，弟弟爸爸妈妈，爱是不嫉妒，弟弟有啥我有啥。

妻子：我爱我的家，儿子女儿我的他，爱就是感谢，不计任何代价。

丈夫：我爱我的家，儿子、女儿、我亲爱的她，爱就是珍惜时光和年华。

合：让爱天天住你家，让爱天天住我家，不分日夜秋冬春夏，全心全意爱我们的家。让爱天天住你家，让爱天天住我家，充满快乐拥有平安，让爱永远住我们的家。

（歌曲《让爱住我家》节选，作词麦玮婷，作曲赵明）

第九课

9.1 你将来想干什么

nǐ jiāng lái xiǎng gàn shén me

阅读提示 Reading tips

杰克一家正在讨论他将来的职业。

Jack and his family are discussing about Jack's future career.

爸爸：杰克，你将来想干什么？想不想像爸爸一样当一名医生？

bà ba jié kè nǐ jiāng lái xiǎng gàn shén me xiǎng bu xiǎng xiàng bà ba yí yàng dāng yì míng yī shēng

杰克：我不想当医生，我想做一名宇航员。

jié kè wǒ bù xiǎng dāng yī shēng wǒ xiǎng zuò yì míng yǔ háng yuán

爸爸：为什么？

bà ba wèi shén me

杰克：我希望有一天可以飞上太

jié kè wǒ xī wàng yǒu yì tiān kě yǐ fēi shàng tài

空，从太空看看我们的地球。
kōng cóng tài kōng kàn kan wǒ men de dì qiú

爸爸：你的想法很不错，我支持。
bà ba nǐ de xiǎng fǎ hěn bú cuò wǒ zhī chí

妈妈：还是像妈妈一样当一名老师吧。每天都和孩子们在一起，你会觉得自己永远年轻。
mā ma hái shi xiàng mā ma yí yàng dāng yì míng lǎo shī ba měi tiān dōu hé hái zi men zài yì qǐ nǐ huì jué de zì jǐ yǒng yuǎn nián qīng

爷爷：世界上最好的工作就是当一名火车司机。开着火车，把乘客们带到他们想去的地方，多么了不起！
yé ye shì jiè shang zuì hǎo de gōng zuò jiù shì dāng yì míng huǒ chē sī jī kāi zhe huǒ chē bǎ chéng kè men dài dào tā men xiǎng qù de dì fang duō me liǎo bu qǐ

杰克：当医生、当老师、当火车司机，都是很不错的工作。但是，我的梦想是从太空看看地球，我还是要当宇航员。
jié kè dāng yī shēng dāng lǎo shī dāng huǒ chē sī jī dōu shì hěn bú cuò de gōng zuò dàn shì wǒ de mèng xiǎng shì cóng tài kōng kàn kan dì qiú wǒ hái shi yào dāng yǔ háng yuán

妹妹：对，哥哥一定要当宇航员。等哥哥当了宇航员，我要和哥哥一起去太空旅行。
mèi mei duì gē ge yí dìng yào dāng yǔ háng yuán děng gē ge dāng le yǔ háng yuán wǒ yào hé gē ge yì qǐ qù tài kōng lǚ xíng

爷爷：那你想做什么呢？
yé ye nà nǐ xiǎng zuò shén me ne

妹妹：我要当一个厨师，在太空给哥哥做饭。
mèi mei wǒ yào dāng yí gè chú shī zài tài kōng gěi gē ge zuò fàn

词语表
New words

1	像	xiàng	look like
2	名	míng	measure word for people
3	宇航员	yǔhángyuán	astronaut, spaceman
4	飞	fēi	fly
5	太空	tàikōng	space
6	想法	xiǎngfǎ	idea
7	支持	zhīchí	support
8	永远	yǒngyuǎn	forever
9	年轻	niánqīng	young
10	火车	huǒchē	train
11	乘客	chéngkè	passenger
12	多么	duōme	how
13	梦想	mèngxiǎng	dream
14	旅行	lǚxíng	travel
15	厨师	chúshī	cook, chef

阅读理解
Reading comprehension

1. 杰克将来想做什么工作？为什么？
   Which kind of work does Jack want to do in the future? Why?
2. 杰克的爸爸、妈妈、爷爷是做什么工作的？
   What are Jack's mom's、dad's and grandpa's jobs?
3. 杰克的妹妹打算做什么工作？
   What job does Jack's sister want to do?
4. 你将来想干什么？
   What do you want to do in the future?

9.2 超级旅行团

chāo jí lǚ xíng tuán

阅读提示 Reading tips

杰克家和汤姆家准备一起去旅行，他们组成了一个超级旅行团。

Jack's family and Tom's will be traveling together. They'd become a super tour.

放假了，我们家和汤姆家准备一起去旅行，这
fàng jià le wǒ men jiā hé tāng mǔ jiā zhǔn bèi yì qǐ qù lǚ xíng zhè

是我们两家的第一次集体旅行。
shì wǒ men liǎng jiā de dì yī cì jí tǐ lǚ xíng

我爸爸是医生，他为我们准备了很多有用的药
wǒ bà ba shì yī shēng tā wèi wǒ men zhǔn bèi le hěn duō yǒu yòng de yào

品，负责我们所有人旅行中的健康。我妈妈是历史
pǐn fù zé wǒ men suǒ yǒu rén lǚ xíng zhōng de jiàn kāng wǒ mā ma shì lì shǐ

老师，她会给我们介绍有关的历史。
lǎo shī tā huì gěi wǒ men jiè shào yǒu guān de lì shǐ

汤姆的爸爸是汽车工程师，他负责汽车的所有
tāng mǔ de bà ba shì qì chē gōng chéng shī tā fù zé qì chē de suǒ yǒu

问题。汤姆的妈妈是地理学家，她提前了解了旅途
wèn tí tāng mǔ de mā ma shì dì lǐ xué jiā tā tí qián liǎo jiě le lǚ tú

中各个地方的天气情况，为这次旅行准备了很
zhōng gè gè dì fang de tiān qì qíng kuàng wèi zhè cì lǚ xíng zhǔn bèi le hěn

多有用的东西。
duō yǒu yòng de dōng xi

我和汤姆是这次旅行的摄影师，我们要拍下所
wǒ hé tāng mǔ shì zhè cì lǚ xíng de shè yǐng shī wǒ men yào pāi xià suǒ

有漂亮的风景和有意思的人，用照片记录这次旅
yǒu piào liang de fēng jǐng hé yǒu yì si de rén yòng zhào piàn jì lù zhè cì lǚ

行。
xíng

我们真是一个超级旅行团。
wǒ men zhēn shì yí gè chāo jí lǚ xíng tuán

词语表
New words

1	超级	chāojí	super
2	旅行团	lǚxíngtuán	tour group
3	放假	fàngjià	take a holiday
4	集体	jítǐ	group
5	有用	yǒuyòng	useful
6	药品	yàopǐn	drug
7	负责	fùzé	in charge of
8	健康	jiànkāng	health
9	有关	yǒuguān	related to
10	工程师	gōngchéngshī	engineer
11	地理学家	dìlǐ xuéjiā	geographer
12	旅途	lǚtú	journey
13	摄影师	shèyǐngshī	photographer
14	拍	pāi	take photo
15	记录	jìlù	record

阅读理解
Reading comprehension

1. 汤姆的爸爸妈妈是做什么工作的?

   What do Tom's parents do?

2. 如果汽车出了问题，谁最有可能解决?

   If there is something wrong with the car, who is likely to solve it ?

3. 杰克和汤姆在旅行中做什么?

   What are Jack and Tom going to do on their trip?

4. 你和家人一起旅行时，怎么分工?

   When you and your family travel together, what is the division of labor?

一、拓展练习

访问一个朋友：他最理想的工作是什么？他的家人怎么看这个工作？他们都是做什么工作的？记录下来并填写下面的短文。

Talk to a friend and ask him which kind of job he'd like to have the most,what does his family think of it, which kind of job do they have. Remember them and fill up the below blanks.

我的好朋友叫__________。他家有____口人，有爸爸、__________________。他将来想当一名_____________，因为_________________________________。他的爸爸是一名_____________，他______________（支持/不支持）他的想法。他的妈妈是一名_________________，她_________________（支持/不支持）他的想法。其他家人____。

二、补充阅读

我希望……

Wǒ Xīwàng…

Zǎochen，Wǒ yánzhe xiǎo lù dào xuéxiào qù. Měi tiān wǒ dōu jīngguò nà jiā miànbāodiàn，lǐmiàn yǒu yí wèi pàngpàng de miànbāoshī.Tā měi tiān dōu nàme kuàilè，shǐ rén juéde chīle tā kǎo de miànbāo yě huì kuàilè de.Yǒushí，wǒ huì mǎi yí gè miànbāo，yǎo yì kǒu ，zhēnde hǎoxiàng yě kuàilè le！Wǒ yě xiǎng zuò yí gè zhèyàng de miànbāoshī，bǎ kuàilè róujìn miànbāo li，bǎ kuàilè dàigěi nàxiē mánglù de rén.

Bàngwǎn，wǒ chūlái sànbù.Wǒ zǒujìnle nà jiā wánjùdiàn .Wánjùdiàn de lǎobǎn hěn lǎo ，tóufa huābái ，shífēn cíxiáng.Tā měi tiān dōu xìxīn de zhàogù nàxiē wánjù，hǎoxiàng zhàogù zìjǐ de háizi yíyàng.Wǒ xīwàng wǒ shì yí wèi wánjùdiàn lǎobǎn，jiāng wánjù dàngzuò wǒ de qīnrén. Suīrán tāmen zǒng yǒu yì tiān huì líkāi wǒ，dànshì tāmen yǒngyuǎn zài wǒ xīnlǐ.

早晨，我沿着小路到学校去。每天我都经过那家面包店，里面有一位胖胖的面包师。他每天都那么快乐，使人觉得吃了他烤的面包也会快乐的。有时，我会买一个面包，咬一口，真的好像也快乐了！我也想做一个这样的面包师，把快乐揉进面包里，把快乐带给那些忙碌的人。

傍晚，我出来散步。我走进了那家玩具店。玩具店的老板很老，头发花白，十分慈祥。他每天都细心地照顾那些玩具，好像照顾自己的孩子一样。我希望我是一位玩具店老板，将玩具当作我的亲人。虽然它们总有一天会离开我，但是它们永远在我心里。

（作者张跃然）

第十课

10.1

可口的午餐
kě kǒu de wǔ cān

阅读提示 Reading tips

今天是我的生日，妈妈做了很多好吃的菜。

Today is my birthday, my mom cooked many delicious foods.

今天是我的生日，中午妈妈为
jīn tiān shì wǒ de shēng rì zhōng wǔ mā ma wèi

我做了一顿可口的午餐，一共有四
wǒ zuò le yí dùn kě kǒu de wǔ cān yí gòng yǒu sì

个菜、一个汤，都是我爱吃的。第一
gè cài yí gè tāng dōu shì wǒ ài chī de dì yī

盘是沙拉，第二盘是西红柿炒鸡
pán shì shā lā dì èr pán shì xī hóng shì chǎo jī

蛋，第三盘是清蒸鱼，第四盘是麻
dàn dì sān pán shì qīng zhēng yú dì sì pán shì má

婆豆腐，还有一个排骨汤。因为是
pó dòu fu hái yǒu yí gè pái gǔ tāng yīn wèi shì

我的生日，我们没有吃米饭，妈妈
wǒ de shēng rì wǒ men méi yǒu chī mǐ fàn mā ma

准备了生日蛋糕，还做了面条儿。按照中国的
zhǔn bèi le shēng rì dàn gāo hái zuò le miàn tiáor àn zhào zhōng guó de

传统，过生日的时候要吃面条儿，因为长长的
chuán tǒng guò shēng rì de shí hou yào chī miàn tiáor yīn wèi cháng cháng de

面条儿代表长寿。
miàn tiáor dài biǎo cháng shòu

我最喜欢的是西红柿炒鸡蛋。西红柿是红色
wǒ zuì xǐ huan de shì xī hóng shì chǎo jī dàn xī hóng shì shì hóng sè

的，鸡蛋是黄色的，颜色太漂亮了！我尝了一口，
de jī dàn shì huáng sè de yán sè tài piào liang le wǒ cháng le yì kǒu

味道好极了！其他菜的味道也都很好，我吃得津津有
wèi dào hǎo jí le qí tā cài de wèi dào yě dōu hěn hǎo wǒ chī de jīn jīn yǒu

味，很快就吃饱了。可是生日蛋糕还没吃，怎么办呢？
wèi hěn kuài jiù chī bǎo le kě shì shēng rì dàn gāo hái méi chī zěn me bàn ne

今天中午真开心啊！谢谢妈妈。
jīn tiān zhōng wǔ zhēn kāi xīn a xiè xie mā ma

词语表
New words

1	可口	kěkǒu	delicious,tasty,yummy
2	午餐	wǔcān	lunch
3	顿	dùn	measure word for meals
4	盘	pán	measure word for dishes
5	沙拉	shālā	salad
6	西红柿炒鸡蛋	xīhóngshì chǎo jīdàn	scrambled egg with tomato
7	清蒸鱼	qīngzhēng yú	steamed fish
8	麻婆豆腐	Mápó dòufu	stir-fried tofu in hot sauce
9	排骨汤	páigǔ tāng	rib soup
10	代表	dàibiǎo	represent
11	长寿	chángshòu	a long life; longevity
12	口	kǒu	a bite
13	味道	wèidào	taste; flavour
14	津津有味	jīnjīn-yǒuwèi	with relish; with gusto

阅读理解
Reading comprehension

1. 今天中午妈妈做了什么菜？为什么做这么多菜？
   What did my mother cook at noon today? Why did she cook so many dishes?
2. “我”最爱吃哪个菜？
   What's my favorite dish?
3. 按照中国的传统，过生日时要吃什么？为什么？
   What is the traditional dish for people to have for their birthdays in China?
4. 过生日的时候，你最想吃什么？
   What would you like to eat the most on your birthday?

10.2 为什么不吃早饭

wèi shén me bù chī zǎo fàn

阅读提示 Reading tips

小丽和艾米在谈论不想吃早饭的原因。

Xiaoli and Amy are talking about why someones do not want to have breakfast.

(小丽看见艾米急急忙忙地走进教室)
xiǎo lì kàn jiàn ài mǐ jí jí máng máng de zǒu jìn jiào shì

小丽：艾米！你今天怎么这么晚才到学校？
xiǎo lì ài mǐ nǐ jīn tiān zěn me zhè me wǎn cái dào xué xiào

艾米：我今天起床晚了，吃完早饭就更晚了。
ài mǐ wǒ jīn tiān qǐ chuáng wǎn le chī wán zǎo fàn jiù gèng wǎn le

小丽：那你就别吃早饭了。你看我，我每天都不吃早饭。
xiǎo lì nà nǐ jiù bié chī zǎo fàn le nǐ kàn wǒ wǒ měi tiān dōu bù chī zǎo fàn

艾米：为什么？是不是起床太早没有胃口，不想吃？
ài mǐ wèi shén me shì bu shì qǐ chuáng tài zǎo méi yǒu wèi kǒu bù xiǎng chī

小丽：不是，我爱睡懒觉，起床太晚，没时间吃早饭。
xiǎo lì bú shì wǒ ài shuì lǎn jiào qǐ chuáng tài wǎn méi shí jiān chī zǎo fàn

艾米：不吃早饭对身体不好，你上午上课会没有精神的。
ài mǐ bù chī zǎo fàn duì shēn tǐ bù hǎo nǐ shàng wǔ shàng kè huì méi yǒu jīng shen de

小丽：哈哈！我知道。可是睡不够也对身体不好，上课也会没有精神啊！而且，我听说不吃早饭还可以减肥。
xiǎo lì hā hā wǒ zhī dào kě shì shuì bú gòu yě duì shēn tǐ bù hǎo shàng kè yě huì méi yǒu jīng shen a ér qiě wǒ tīng shuō bù chī zǎo fàn hái kě yǐ jiǎn féi

艾米：是吗？可是我也听说，长期不吃早饭也可能会发胖呢。
ài mǐ shì ma kě shì wǒ yě tīng shuō cháng qī bù chī zǎo fàn yě kě néng huì fā pàng ne

小丽：真的？为什么？
xiǎo lì zhēn de wèi shén me

艾米：如果不吃早饭，到中午的时候人就特别饿，会吃得更多，这样不就更胖了吗？
ài mǐ rú guǒ bù chī zǎo fàn dào zhōng wǔ de shí hou rén jiù tè bié è huì chī de gèng duō zhè yàng bú jiù gèng pàng le ma

小丽：看起来每天还是应该吃早饭。
xiǎo lì kàn qǐ lái měi tiān hái shi yīng gāi chī zǎo fàn

词语表
New words

1	急急忙忙	jíjímángmáng	in hurry
2	那	nà	so; in that case
3	胃口	wèikǒu	appetite
4	长期	chángqī	long-term; long-lasting
5	发胖	fāpàng	put on weight; get fat
6	看起来	kàn qǐlái	seem like, look like

阅读理解
Reading comprehension

1. 艾米为什么这么晚才到学校?
   Why did Amy get to school so late?
2. 小丽不吃早饭的原因是什么?
   Why doesn't Xiaoli like to have breakfast?
3. 艾米认为不吃早饭能减肥吗? 为什么?
   Does Amy think that skipping breakfast would make people lose weight? Why?
4. 你的朋友中有没有人常常不吃早饭? 原因是什么?
   Does any of your friends who often choose not to have breakfast? Why?

一、拓展练习

1. 小调查：问一问你的家人和朋友，是不是有人不吃早饭？原因是什么？

Survey:Ask your family and friends about the reason if anybody who doesn't like to have breakfast.

姓名	从来不吃/常常不吃/有时候不吃	原因

2. 小调查：你和你的家人早饭喜欢吃什么？不喜欢吃什么？

Survey: What do you and your family like or dislike for breakfast?

姓名	喜欢	不喜欢

二、补充阅读

早餐小调查

Zǎocān Xiǎo Diàochá

Zuìjìn yì jiā wǎngzhàn zuòle yí gè yǒuguān zǎocān de diàochá， yígòng yǒu yì qiān duō rén cānjiāle zhège diàochá. Ràng wǒmen lái kànkan diàochá jiéguǒ ba！ Zhōngguórén dàodǐ xǐhuan shénmeyàng de zǎocān ne?

Zài diàochá zhōng，wǎngyǒu piān'ài zhōngshì zǎocān. Qízhōng，zhōu zuì shòu huānyíng，qícì shì jīdàn hé bāozi， jiēxiàlái shì dòujiāng、yóutiáo hé niúnǎi、miànbāo. Lìngwài， húntun、dòufunǎor、jīdàn guànbǐng、miàntiáor yě dōu yǒu bǎi fēn zhī wǔ de fěnsī.

Guǒzhī、kāfēi、màipiàn shǔyú xīshì zǎocān， zài zhè cì diàochá zhōng，zhǐ chūxiàn zài bú dào bǎi fēn zhī èr de wǎngyǒu de cānzhuō shang .

最近一家网站做了一个有关早餐的调查,一共有一千多人参加了这个调查。让我们来看看调查结果吧！中国人到底喜欢什么样的早餐呢?

在调查中，网友偏爱中式早餐。其中，粥最受欢迎，其次是鸡蛋和包子，接下来是豆浆、油条和牛奶、面包。另外，馄饨、豆腐脑儿、鸡蛋灌饼、面条儿也都有百分之五的粉丝。

果汁、咖啡、麦片属于西式早餐，在这次调查中，只出现在不到百分之二的网友的餐桌上。

第十一课

11.1 您要什么咖啡

nín yào shén me kā fēi

阅读提示 Reading tips

李明和大伟正在咖啡馆点咖啡。

Li Ming and Dawei are ordering coffee in the coffee shop.

李明：大伟，好久不见，最近还好吗？
lǐ míng dà wěi hǎo jiǔ bú jiàn zuì jìn hái hǎo ma

大伟：还可以。你怎么样？忙吗？
dà wěi hái kě yǐ nǐ zěn me yàng máng ma

李明：最近不太忙。你有空儿吗？前边有个咖啡馆，他们的咖啡很有特色，我常去，咱们去坐一会儿吧。
lǐ míng zuì jìn bú tài máng nǐ yǒu kòngr ma qián bian yǒu gè kā fēi guǎn tā men de kā fēi hěn yǒu tè sè wǒ cháng qù zán men qù zuò yí huìr ba

大伟：好啊。
dà wěi hǎo a

（两 个 人 走 进 咖 啡 馆）
liǎng gè rén zǒu jìn kā fēi guǎn

李明：你 喜 欢 喝 什 么 咖 啡？
lǐ míng nǐ xǐ huan hē shén me kā fēi

大伟：我 很 少 喝 咖 啡，你 推 荐 吧。
dà wěi wǒ hěn shǎo hē kā fēi nǐ tuī jiàn ba

李明：你 喜 欢 喝 原 味 的，还 是 加 奶 的？
lǐ míng nǐ xǐ huan hē yuán wèi de hái shi jiā nǎi de

大伟：加 奶 的，别 太 苦，多 放 点 儿 糖。
dà wěi jiā nǎi de bié tài kǔ duō fàng diǎnr táng

李明：卡 布 奇 诺[1] 或 拿 铁[2] 都 可 以。
lǐ míng kǎ bù qí nuò huò ná tiě dōu kě yǐ

大伟：卡 布 奇 诺 看 起 来 很 漂 亮，来 一 杯 吧。
dà wěi kǎ bù qí nuò kàn qǐ lái hěn piào liang lái yì bēi ba

李明：服 务 员，一 杯 卡 布 奇 诺，一 杯 美 式 咖 啡[3]。
lǐ míng fú wù yuán yì bēi kǎ bù qí nuò yì bēi měi shì kā fēi

① Cappuccino(coffee).
② Latte(coffee).
③ Americano(coffee).

词语表
New words

1	好久不见	hǎojiǔ bújiàn	long time no see
2	有空儿	yǒukòngr	free, available
3	咖啡馆	kāfēiguǎn	café; coffee shop
4	一会儿	yíhuìr	a while, a moment
5	推荐	tuījiàn	recommend
6	原味	yuánwèi	nature flavor
7	加	jiā	put in; add
8	奶	nǎi	milk
9	苦	kǔ	bitter
10	糖	táng	sugar
11	来	lái	would like... (often used for ordering food in a restaurant)

阅读理解
Reading comprehension

1. 李明和大伟都常常喝咖啡吗?
   Do Li Ming and Dawei often drink coffee?
2. 大伟对咖啡的味道有要求吗?
   Does Dawei have any requirement for his coffee?
3. 大伟点了什么咖啡? 为什么?
   What did Dawei order? Why?
4. 你喜欢喝什么饮料? 为什么?
   What would you like to drink? Why?

11.2 爸爸爱喝茶
bà ba ài hē chá

阅读提示 Reading tips

我爸爸特别爱喝茶，他每天从早到晚都离不开茶。

My father loves drinking tea. He's drinking it all the time.

我爸爸很爱喝茶，什么时候都离不开茶，什么茶
wǒ bà ba hěn ài hē chá shén me shí hou dōu lí bu kāi chá shén me chá

都爱喝。我家有红茶、绿茶、乌龙茶等各种各样的
dōu ài hē wǒ jiā yǒu hóng chá lǜ chá wū lóng chá děng gè zhǒng gè yàng de

茶，家里整天都充满茶的香味。
chá jiā li zhěng tiān dōu chōng mǎn chá de xiāng wèi

早上，爸爸刚起床，第一件事就是马上烧水
zǎo shang bà ba gāng qǐ chuáng dì yī jiàn shì jiù shì mǎ shàng shāo shuǐ

泡茶。上班的时候，他就泡好一大壶茶带去。晚上
pào chá shàng bān de shí hou tā jiù pào hǎo yí dà hú chá dài qù wǎn shang

爸爸下班回来，他壶中的茶也喝完了。我们以为爸
bà ba xià bān huí lái tā hú zhōng de chá yě hē wán le wǒ men yǐ wéi bà

爸喝够了，但是爸爸却说不够，很快他就又泡了一
ba hē gòu le dàn shì bà ba què shuō bú gòu hěn kuài tā jiù yòu pào le yì

杯茶，津津有味地喝起来。
bēi chá jīn jīn yǒu wèi de hē qǐ lái

今年过春节的时候，我送给爸爸一个漂亮的茶
jīn nián guò chūn jié de shí hou wǒ sòng gěi bà ba yí gè piào liang de chá

壶，爸爸高兴极了。后来他天天用这个茶壶泡茶喝，
hú bà ba gāo xìng jí le hòu lái tā tiān tiān yòng zhè ge chá hú pào chá hē

这个茶壶成了他的宝贝。
zhè ge chá hú chéng le tā de bǎo bèi

看，我爸爸爱喝茶吧？
kàn wǒ bà ba ài hē chá ba

词语表
New words

1	离不开	líbukāi	can't live without
2	红茶	hóngchá	black tea
3	绿茶	lǜchá	green tea
4	乌龙茶	wūlóngchá	oolong tea
5	各种各样	gèzhǒng-gèyàng	all kinds of
6	充满	chōngmǎn	full of
7	香味	xiāngwèi	fragrance
8	刚	gāng	just
9	烧	shāo	boil, burn
10	水	shuǐ	water
11	泡	pào	make
12	上班	shàngbān	go to work
13	壶	hú	kettle; pot
14	起来	qǐlái	(after a verb)indicating the beginning and continuation of an action or a state
15	成	chéng	become; turn into

阅读理解
Reading comprehension

1. “我”爸爸爱喝什么茶?
   Which kind of tea does my father like to drink?
2. “我”爸爸每天怎么喝茶?
   How does my father like to drink tea?
3. “我”爸爸起床以后第一件事是什么?
   What is the first thing to do after my father gets up every day?
4. 你喜欢喝茶还是咖啡? 喜欢喝什么茶或咖啡?
   What would you prefer to drink? Tea or coffee? Which kind of tea or coffee do you like?

一、拓展练习

根据以上两篇阅读材料填空。

Fill in the blanks according to the two reading materials.

1. 李明常常喝______，大伟______喝咖啡。李明点了一杯______，大伟要了一杯______。大伟不喜欢______的咖啡，他要______的咖啡。
2. 我爸爸特别爱喝______。我家里有______的茶，有______、______和______等。爸爸早上起床以后的第一件事就是______。上班的时候他要带______，下班回家的时候，他带的茶水都______。

二、补充阅读

寒 夜

Hán Yè

(Sòng) Dù Lěi

Hán yè kè lái chá dàng jiǔ,
Zhú lú tāng fèi huǒ chū hóng.
Xúncháng yíyàng chuāng qián yuè,
Cái yǒu méihuā biàn bùtóng.

【宋】杜耒

寒夜客来茶当酒，
竹炉汤沸火初红。
寻常一样窗前月，
才有梅花便不同。

[Yìwén]

Hánlěng de yèwǎn kèrén lái le，yòng chá dàng jiǔ zhāodài kèrén.Shāo shuǐ zhǔ chá，huǒlú zhōng de huǒmiáo kāishǐ hóng qǐlái，shuǐ zài hú li fèiténgzhe，wūzi li nuǎnhōnghōng de.Chuāng qián de yuèliang yǔ píngshí yíyàng，zhǐshì chuāng qián yǒu jǐ zhī méihuā zài yuèguāng xià kāi zhe，xiāngqì xírén.Zhè shì jīnwǎn de yuèsè xiǎnde gēn wǎngrì géwài de bùtóng.

【译文】

寒冷的夜晚客人来了，用茶当酒招待客人。烧水煮茶，火炉中的火苗开始红起来，水在壶里沸腾着，屋子里暖烘烘的。窗前的月亮与平时一样，只是窗前有几枝梅花在月光下开着，香气袭人。这使今晚的月色显得跟往日格外地不同。

第十二课

12.1 你想吃点儿什么

nǐ xiǎng chī diǎnr shén me

阅读提示 Reading tips

小李请老张吃饭，可是点菜的时候老张却说这也不好那也不好。

Xiao Li would like to treat Lao Zhang to a dinner，but Lao Zhang said nothing on the menu got him interested.

小李：老张，今天我请客。你想吃点儿什么？
xiǎo lǐ　lǎo zhāng　jīn tiān wǒ qǐng kè　nǐ xiǎng chī diǎnr shén me

老张：随便吧！什么都可以。
lǎo zhāng　suí biàn ba　shén me dōu kě yǐ

小李：我们来一份北京烤鸭怎么样？
xiǎo lǐ　wǒ men lái yí fèn běi jīng kǎo yā zěn me yàng

老张：不要吧，太油腻了。
lǎo zhāng　bú yào ba　tài yóu nì le

小李：那来一份虾。
xiǎo lǐ nà lái yí fèn xiā

老张：我不能吃海鲜。
lǎo zhāng wǒ bù néng chī hǎi xiān

小李：那我们点几串羊肉串怎么样？这儿的羊肉串很香，一边吃羊肉串一边喝啤酒，不错吧？
xiǎo lǐ nà wǒ men diǎn jǐ chuàn yáng ròu chuàn zěn me yàng zhèr de yáng ròu chuàn hěn xiāng yì biān chī yáng ròu chuàn yì biān hē pí jiǔ bú cuò ba

老张：我从来不吃羊肉串，对健康不好。
lǎo zhāng wǒ cóng lái bù chī yáng ròu chuàn duì jiàn kāng bù hǎo

小李：那请你点菜吧。
xiǎo lǐ nà qǐng nǐ diǎn cài ba

老张：不用不用，还是你点吧，别客气！
lǎo zhāng bú yòng bú yòng hái shi nǐ diǎn ba , bié kè qi !

小李：你不想吃肉，那我们点青菜吧。
xiǎo lǐ nǐ bù xiǎng chī ròu nà wǒ men diǎn qīng cài ba

老张：这个时间的青菜都不新鲜了。
lǎo zhāng zhè ge shí jiān de qīng cài dōu bù xīn xiān le

小李：那来一份鸡汤？
xiǎo lǐ nà lái yí fèn jī tāng

老张：最近我老喝鸡汤。
lǎo zhāng zuì jìn wǒ lǎo hē jī tāng

小李：那咱们今天就只喝白开水吧。
xiǎo lǐ nà zán men jīn tiān jiù zhǐ hē bái kāi shuǐ ba

词语表
New words

1	随便	suíbiàn	do as ones pleased
2	油腻	yóunì	greasy
3	虾	xiā	shrimp; prawn
4	海鲜	hǎixiān	seafood
5	串	chuàn	measure word
6	羊肉串	yángròuchuàn	roast lamb kebabs
7	香	xiāng	delicious
8	啤酒	píjiǔ	beer
9	从来	cónglái	from the past till the present
10	客气	kèqi	too courteous; too modest
11	肉	ròu	meat
12	青菜	qīngcài	green vegetable
13	新鲜	xīnxiān	fresh
14	鸡汤	jītāng	chicken soup
15	白开水	báikāishuǐ	boiled water

阅读理解
Reading comprehension

1. 这顿饭谁请客?

   Who's inviting this time?

2. 老张为什么不想吃北京烤鸭、虾和羊肉串?

   Why Lao Zhang didn't want to eat Beijing Roast Duck, shrimp,and roast lamb kebabs?

3. 老张想吃青菜吗? 为什么?

   Did Lao Zhang want to have some green vegetables? Why?

4. 最后小李点了什么?

   What did Xiao Li order in the end?

12.2

请客
qǐng kè

阅读提示
Reading tips

有人送给格林夫妇两张芭蕾舞票，可是他们怎么也猜不出来是谁送的。

Two ballet tickets were given to the Greens, but they can't guess who sent them.

格林先生和格林太太都喜欢看芭蕾舞。一天早
gé lín xiān sheng hé gé lín tài tai dōu xǐ huan kàn bā lěi wǔ。 yì tiān zǎo

晨老两口收到一封信，信里还有两张芭蕾舞《天
chen lǎo liǎng kǒu shōu dào yì fēng xìn xìn li hái yǒu liǎng zhāng bā lěi wǔ tiān

鹅湖》[1]的票。信上写着："一位朋友请你们看戏，
é hú de piào xìn shang xiě zhe yí wèi péng you qǐng nǐ men kàn xì

猜猜是谁？"两位老人不知道票的来历，于是争论
cāi cai shì shéi liǎng wèi lǎo rén bù zhī dào piào de lái lì yú shì zhēng lùn

起来：格林先生说是他的朋友寄来的，因为他的
qǐ lái gé lín xiān sheng shuō shì tā de péng you jì lái de yīn wèi tā de

朋友们都知道他喜欢看芭蕾舞；格林太太说是她
péng you men dōu zhī dào tā xǐ huan kàn bā lěi wǔ gé lín tài tai shuō shì tā

① Swan Lake (a famous ballet).

的朋友请客，因为几天前她跟朋友说想看《天鹅
de péng you qǐng kè yīn wèi jǐ tiān qián tā gēn péng you shuō xiǎng kàn tiān é

湖》，可是没买到票。结果，谁也没有说服谁，但是
hú kě shì méi mǎi dào piào jié guǒ, shéi yě méi yǒu shuō fú shéi dàn shì

两个人还是高高兴兴地去看芭蕾舞了。
liǎng gè rén hái shi gāo gāo xìng xìng de qù kàn bā lěi wǔ le

演出结束得很晚，他们晚上十二点才回到家。
yǎn chū jié shù de hěn wǎn tā men wǎn shang shí èr diǎn cái huí dào jiā

他们刚进门就发现家里的桌子上放着一封信。
tā men gāng jìn mén jiù fā xiàn jiā li de zhuō zi shang fàng zhe yì fēng xìn

格林先生打开信，信上写着："爸爸妈妈，祝你们
gé lín xiān sheng dǎ kāi xìn xìn shang xiě zhe bà ba mā ma zhù nǐ men

结婚三十周年快乐！"
jié hūn sān shí zhōu nián kuài lè

词语表
New words

1	太太	tàitai	Mrs.; Madam
2	芭蕾舞	bālěiwǔ	ballet
3	老两口	lǎoliǎngkǒu	couples who married for long time (mainly says they're the elders)
4	封	fēng	measure word for letters
5	戏	xì	theatrical play; show
6	猜	cāi	guess
7	来历	láilì	origin; source
8	于是	yúshì	so
9	争论	zhēnglùn	dispute; debate
10	寄	jì	send
11	结果	jiéguǒ	finally; as a result
12	说服	shuōfú	convince
13	周年	zhōunián	anniversary

阅读理解
Reading comprehension

1. 格林夫妇收到一封什么样的信?
   What was the letter that Mr. and Mrs. Green received about?
2. 格林夫妇认为信是谁寄来的?
   Who Mr. and Mrs. Green think the letter was from?
3. 看完演出回家以后，他们发现了什么?
   What did they find out when they got home after the show?
4. 你知道是谁请格林夫妇看的演出吗?
   Do you know who invited Mr. and Mrs. Green?

一、拓展练习

你觉得哪些食物有下面的问题？

What kind of food do you think has the following problems?

	问题	食物
1	太油腻 too greasy	
2	对健康不好 bad for health	
3	苦 bitter	
4	气味不好 smelly	
5	太贵 too expensive	

二、补充阅读

我请客

Wǒ Qǐngkè

Méiyǒu shéi yìshēng zǒng shòu lěngluò,
Wǒ yǒushí yě huì juéde nánguò .
Shēnghuó yào jìxù zuòrén yào línghuó,
Rénqíng lěngnuǎn hébì duō shuō.
Qíshí zhè shìjiè bìng bù lěngmò ,
Zhàn zài nǐ shēnbiān de rén bùzhǐ yí gè .
Yǒu shénme wěiqu qǐng nǐ gàosu wǒ ,
Wǒ huì ràng nǐ biàn de sǎtuō.
Wǒ qǐngkè chīwán zài chàng gē,
Rénshēng shīyì bié xiǎng tài duō.
Shì fú nán jù shì huò nán duǒ,
Yào xuéhuì miànduì cái shì zuì kuàilè.

没有谁一生总受冷落，
我有时也会觉得难过。
生活要继续做人要灵活，
人情冷暖何必多说。
其实这世界并不冷漠，
站在你身边的人不止一个。
有什么委屈请你告诉我，
我会让你变得洒脱。
我请客吃完再唱歌，
人生失意别想太多。
是福难拒是祸难躲，
要学会面对才是最快乐。

（歌曲《我请客》节选，作词、作曲吴清华）

第十三课

13.1 穿什么合适

chuān shén me hé shì

阅读提示 Reading tips

小明为去舅舅家吃饭挑选合适的衣服。

Xiaoming is choosing what to wear for going to visit and have dinner in uncle’s home.

星期六，我去小明家，他和妈
xīng qī liù wǒ qù xiǎo míng jiā tā hé mā

妈正在选衣服。原来，星期日他们
ma zhèng zài xuǎn yī fu yuán lái xīng qī rì tā men

一家要去舅舅家吃饭，他希望穿
yì jiā yào qù jiù jiu jiā chī fàn tā xī wàng chuān

得精神一点儿。小明想穿一套
de jīng shen yì diǎnr xiǎo míng xiǎng chuān yí tào

灰色的西装，配上红色的领带，
huī sè de xī zhuāng pèi shàng hóng sè de lǐng dài

可是他妈妈觉得家里人在一起吃
kě shì tā mā ma jué de jiā li rén zài yì qǐ chī

饭，穿西装显得太严肃了，而且
fàn chuān xī zhuāng xiǎn de tài yán sù le ér qiě

灰色对中学生也不太合适。我问他参加宴会的还
huī sè duì zhōng xué shēng yě bú tài hé shì wǒ wèn tā cān jiā yàn huì de hái

有谁，小明说，就是舅舅的家人和他们一家。我建议
yǒu shéi xiǎo míng shuō jiù shì jiù jiu de jiā rén hé tā men yì jiā wǒ jiàn yì

他穿运动服，又方便又自然。小明告诉我，舅妈的
tā chuān yùn dòng fú yòu fāng biàn yòu zì ran xiǎo míng gào su wǒ jiù mā de

侄女刚从中国来美国，明天是第一次见面，穿运
zhí nǚ gāng cóng zhōng guó lái měi guó míng tiān shì dì yī cì jiàn miàn chuān yùn

动服可能不太礼貌。最后，小明的妈妈帮他选了
dòng fú kě néng bú tài lǐ mào zuì hòu xiǎo míng de mā ma bāng tā xuǎn le

一件蓝色的衬衫，外面再加一件浅色的夹克。小明
yí jiàn lán sè de chèn shān wài miàn zài jiā yí jiàn qiǎn sè de jiā kè xiǎo míng

穿上以后，显得更精神了，也更帅了。
chuān shàng yǐ hòu xiǎn de gèng jīng shen le yě gèng shuài le

词语表
New words

1 显得	xiǎnde	appear to be
2 严肃	yánsù	serious
3 宴会	yànhuì	banquet
4 自然	zìrán	natural
5 舅妈	jiùmā	aunt
6 侄女	zhínǚ	niece
7 最后	zuìhòu	at last, in the end
8 夹克	jiākè	jacket

阅读理解
Reading comprehension

1. 小明和他的妈妈为什么要挑选衣服?
   What was Xiaoming and his mother choosing clothes for?
2. 小明想穿什么样的衣服? 妈妈有什么看法?
   What kind of clothes did Xiaoming want to wear ?What did his mother think of it?
3. 小明愿意穿运动服吗? 为什么?
   Does Xiaoming like to wear sportswear? Why?
4. 你觉得小明穿什么样的衣服合适?
   Which kind of clothes you think would be suitable for Xiaoming?
5. 如果你碰到这种情况，你会穿什么服装?
   What kind of clothes would you like to choose in such a situation?

13.2 万圣节的服装

wàn shèng jié de fú zhuāng

阅读提示 Reading tips

万圣节快到了，杰克和吉米在商店挑选服装。

Halloween is coming. Jack and Jimmy are picking customes in the store.

杰克：吉米，你准备选什么衣服？
jié kè　jí mǐ　nǐ zhǔn bèi xuǎn shén me yī fu

吉米：我喜欢这套红色的蝙蝠侠衣服，特别帅！
jí mǐ　wǒ xǐ huan zhè tào hóng sè de biān fú xiá yī fu　tè bié shuài

杰克：穿蝙蝠侠衣服的人太多了，你不想换个样子吗？
jié kè　chuān biān fú xiá yī fu de rén tài duō le　nǐ bù xiǎng huàn gè yàng zi ma

吉米：你觉得我穿什么好呢？
jí mǐ　nǐ jué de wǒ chuān shén me hǎo ne

杰克：我建议你穿那套黑红两色的海盗装，肯定更帅！
jié kè　wǒ jiàn yì nǐ chuān nà tào hēi hóng liǎng sè de hǎi dào zhuāng　kěn dìng gèng shuài

吉米：好吧，我穿上试试。
jí mǐ hǎo ba wǒ chuān shàng shì shi

（吉米穿上海盗装）
jí mǐ chuān shàng hǎi dào zhuāng

杰克：你看，多精神！
jié kè nǐ kàn duō jīng shen

吉米：好，就选这件吧！你呢？你选哪件？
jí mǐ hǎo jiù xuǎn zhè jiàn ba nǐ ne nǐ xuǎn nǎ jiàn

杰克：我已经是高中生了，过万圣节不穿这种衣服了。
jié kè wǒ yǐ jīng shì gāo zhōng shēng le guò wàn shèng jié bù chuān zhè zhǒng yī fu le

吉米：那你万圣节穿什么？
jí mǐ nà nǐ wàn shèng jié chuān shén me

杰克：我穿西装去参加舞会。
jié kè wǒ chuān xī zhuāng qù cān jiā wǔ huì

吉米：舞会？能带我去吗？
jí mǐ wǔ huì néng dài wǒ qù ma

杰克：你还是小学生，不能带你去。
jié kè nǐ hái shì xiǎo xué shēng bù néng dài nǐ qù

词语表

New words

1	万圣节	Wànshèng Jié	Halloween
2	蝙蝠侠	biānfúxiá	Batman
3	黑	hēi	black
4	海盗装	hǎidàozhuāng	pirates customes
5	肯定	kěndìng	surely, certainly
6	小学生	xiǎoxuéshēng	elementary school students

阅读理解

Reading comprehension

1. 杰克和吉米为什么要去商店挑选衣服?

   Why Jack and Jimmy go to the store to pick customes?

2. 吉米想穿什么服装? 杰克有什么意见?

   What customes would Jimmy like to wear?What does Jack think?

3. 杰克打算怎么过万圣节?

   How does Jack like to celebrate the Halloween?

4. 你过万圣节吗? 过万圣节时，你穿过什么服装?

   Do you celebrate the Halloween? What customes have you ever worn?

5. 你们国家有哪些节日需要穿特别的服装?

   Does your country has any holidays that people would dress up in special customes for?

一、拓展练习

填写下列表格。

Fill in the form below.

场合	合适的服装	原因
参加毕业舞会		
参加生日聚会		
过圣诞节		
过中国春节		
参加运动会		
去旅游		

二、补充阅读

万圣节的由来与习俗

Wànshèng Jié de Yóulái Yǔ Xísú

Zài xīfāng guójiā,měi nián de shíyuè sānshíyī rì shì “Wànshèng Jié”. Wànshèng Jié shì xīfāng guójiā de chuántǒng jiérì.Wànshèng Jié zhī yè de zhǔyào huódòng shì “bù gěi táng jiù dǎoluàn”.Xiǎoháir zhuāngbàn chéng gèzhǒng kǒngbù de yàngzi,ànxiǎng línjūmen de ménlíng, dà jiào:“Trick or treat!” Zhǔrén biàn huì gāogāoxìngxìng de náchū yìxiē tángguǒ、qiǎokèlì huòshì xiǎo lǐwù sòng gěi háizimen. Zhè shíjì shang shì línlǐ zhījiān xiānghù yǒuhǎo de yì zhǒng biǎoxiàn. Zuìhòu,háizimen huì jiāng yì wǎnshang dédào de tángguǒ ná huí jiā,hé jiārén fēnxiǎng.

在西方国家，每年的十月三十一日是“万圣节”。万圣节是西方国家的传统节日。万圣节之夜的主要活动是“不给糖就捣乱”。小孩儿装扮成各种恐怖的样子，按响邻居们的门铃，大叫：“Trick or treat!”主人便会高高兴兴地拿出一些糖果、巧克力或是小礼物送给孩子们。这实际上是邻里之间相互友好的一种表现。最后，孩子们会将一晚上得到的糖果拿回家，和家人分享。

第十四课

14.1 运动鞋展销会

yùn dòng xié zhǎn xiāo huì

阅读提示 Reading tips

玛丽要买一双运动鞋，正好碰上运动鞋展销。

Mary wants to buy a pair of sneakers and she is going to the sports shoes trade show.

售货员：你好！请问你需要什么？
shòu huò yuán nǐ hǎo qǐng wèn nǐ xū yào shén me

玛丽：我想买一双运动鞋。这里的品种真多啊！
mǎ lì wǒ xiǎng mǎi yì shuāng yùn dòng xié zhè lǐ de pǐn zhǒng zhēn duō a

售货员：今天这里正在举办运动鞋展销会，品种很多。你想要什么样的？
shòu huò yuán jīn tiān zhè lǐ zhèng zài jǔ bàn yùn dòng xié zhǎn xiāo huì pǐn zhǒng hěn duō nǐ xiǎng yào shén me yàng de

玛丽：我要参加学校运动会的
mǎ lì wǒ yào cān jiā xué xiào yùn dòng huì de

竞走项目，穿什么样的鞋合适？
jìng zǒu xiàng mù chuān shén me yàng de xié hé shì

售货员：那我建议你买一双竞走鞋。
shòu huò yuán nà wǒ jiàn yì nǐ mǎi yì shuāng jìng zǒu xié

玛丽：竞走鞋有什么特点？
mǎ lì jìng zǒu xié yǒu shén me tè diǎn

售货员：竞走鞋比较合脚，穿起来很舒服，颜色也丰富亮丽。
shòu huò yuán jìng zǒu xié bǐ jiào hé jiǎo chuān qǐ lái hěn shū fu yán sè yě fēng fù liàng lì

玛丽：请你拿一双漂亮点儿的我看看。
mǎ lì qǐng nǐ ná yì shuāng piào liang diǎnr de wǒ kàn kan

（售货员拿来两双竞走鞋，一双橘红色的，一双深绿色的。）
shòu huò yuán ná lái liǎng shuāng jìng zǒu xié yì shuāng jú hóng sè de yì shuāng shēn lǜ sè de

玛丽：两双都很漂亮，买哪双好呢？
mǎ lì liǎng shuāng dōu hěn piào liang mǎi nǎ shuāng hǎo ne

售货员：你的运动服是什么颜色的？
shòu huò yuán nǐ de yùn dòng fú shì shén me yán sè de

玛丽：黄色的。
mǎ lì huáng sè de

售货员：那我再拿一双橘黄色的你看看。
shòu huò yuán nà wǒ zài ná yì shuāng jú huáng sè de nǐ kàn kan

（售货员拿来一双橘黄色的竞走鞋）
shòu huò yuán ná lái yì shuāng jú huáng sè de jìng zǒu xié

玛丽：这双最配我的运动服，就买这双吧！
mǎ lì zhè shuāng zuì pèi wǒ de yùn dòng fú jiù mǎi zhè shuāng ba

词语表

New words

1	展销会	zhǎnxiāohuì	trade show
2	品种	pǐnzhǒng	variety
3	竞走	jìngzǒu	heel-to-toe walking
4	项目	xiàngmù	sports event
5	特点	tèdiǎn	feature
6	比较	bǐjiào	relatively
7	合脚	héjiǎo	fit
8	丰富	fēngfù	rich
9	亮丽	liànglì	bright
10	橘红色	júhóngsè	orange-red;tangerine
11	深绿色	shēnlǜsè	dark green
12	橘黄色	júhuángsè	orange-yellow;saffron

阅读理解

Reading comprehension

1. 玛丽为什么要买一双竞走鞋?

   Why does Mary want to buy a pair of race walking shoes?

2. 竞走鞋有什么特点?

   What are the characteristics of race walking shoes?

3. 售货员给玛丽拿来了什么颜色的竞走鞋?

   What color of race walking shoes did the saleswoman give to Mary?

4. 玛丽最后选择了哪双竞走鞋? 她为什么选择那双?

   Which pairs of race walking shoes did Mary choose? Why?

5. 你喜欢什么颜色的运动鞋? 为什么?

   What color of sneakers do you like? Why?

14.2 周末登山
zhōu mò dēng shān

阅读提示 Reading tips

本周汉语老师布置的作业是写一篇作文。为了更好地完成这个作业，“学汉语的好朋友”群的同学们决定这个周末一起去登山。

The homework assigned by the Chinese teacher is to write a composition this week. In order to finish the homework,the students of “Good Friends of Learning Chinese Group” decided to go mountain climbing together this weekend.

“学汉语的好朋友”群的同学们决定这个周末
xué hàn yǔ de hǎo péng you qún de tóng xué men jué dìng zhè ge zhōu mò

一起去爬山，并约定每个人都要写“登山感想”，看
yì qǐ qù pá shān bìng yuē dìng měi gè rén dōu yào xiě dēng shān gǎn xiǎng kàn

看谁写得最好。
kan shéi xiě de zuì hǎo

杰克很兴奋。可是，星期五的晚上下起了小
jié kè hěn xīng fèn kě shì xīng qī wǔ de wǎn shang xià qǐ le xiǎo

雨，他非常担心，不停地问爸爸：“明天的天气会好
yǔ tā fēi cháng dān xīn bù tíng de wèn bà ba míng tiān de tiān qì huì hǎo

吗？”第二天一早，杰克六点就起床了。一看是晴天，
ma dì èr tiān yì zǎo jié kè liù diǎn jiù qǐ chuáng le yí kàn shì qíng tiān

他放心了。到了集合地点，杰克看到同学们都来了，
tā fàng xīn le dào le jí hé dì diǎn jié kè kàn dào tóng xué men dōu lái le

个个兴高采烈。
gè gè xìng gāo cǎi liè

他们要登的山比较高，上山的路有两条，一条
tā men yào dēng de shān bǐ jiào gāo shàng shān de lù yǒu liǎng tiáo yì tiáo

是石阶，另一条是崎岖的土路。经过讨论，大家决定
shì shí jiē lìng yì tiáo shì qí qū de tǔ lù jīng guò tǎo lùn dà jiā jué dìng

走土路，考验一下自己的耐力。刚下过雨，路很滑，不
zǒu tǔ lù kǎo yàn yí xià zì jǐ de nài lì gāng xià guò yǔ lù hěn huá bù

好走，大家互相帮助，用了三个小时才爬到山顶。
hǎo zǒu dà jiā hù xiāng bāng zhù yòng le sān gè xiǎo shí cái pá dào shān dǐng

看着自己走过的路和山下的美景，杰克已经想好
kàn zhe zì jǐ zǒu guò de lù hé shān xià de měi jǐng jié kè yǐ jīng xiǎng hǎo

“登山感想”要写什么了。
dēng shān gǎn xiǎng yào xiě shén me le

词语表

New words

1	并	bìng	and
2	约定	yuēdìng	agreement
3	感想	gǎnxiǎng	thoughts
4	兴奋	xīngfèn	exciting
5	集合	jíhé	gather
6	兴高采烈	xìnggāo-cǎiliè	ebullient;cheerful
7	石阶	shíjiē	stone steps
8	崎岖	qíqū	rugged
9	土路	tǔlù	dirt road
10	经过	jīngguò	after
11	考验	kǎoyàn	test
12	耐力	nàilì	endurance
13	帮助	bāngzhù	help
14	山顶	shāndǐng	peak
15	美景	měijǐng	beautiful views

阅读理解

Reading comprehension

1. 同学们决定周末去做什么？他们有什么约定？
   What did the students decide to do this weekend? On what did they agree?
2. 出发前一天晚上，杰克在担心什么？为什么？
   What did Jack worry about the night before departure? Why?
3. 登山的路有几条？同学们选择了哪一条路？为什么？
   How many climbing roads are there? Which road did they choose? Why?
4. 你觉得杰克的作文会写什么内容？
   What you think Jack will write about in his composition?

一、拓展练习

请你和朋友们一起做一个一天的旅游计划，包括：目的、时间、地点、人员、主要活动、集合地点、所需物品等。

Please make a one-day tour with your friends,including:purpose,time,location,members, main activities,meeting place,required items,etc.

二、补充阅读

共同的家

Gòngtóng de Jiā

Wǒmen xíngzǒu zài shān jiān de xiǎo lù shang,	我们行走在山间的小路上，
Kàn dào páng de kē kē qīngsōng,	看道旁的棵棵青松，
Kàn lù biān de duǒ duǒ xiānhuā.	看路边的朵朵鲜花。
Wǒmen xíngzǒu zài qīngchè de dàhǎi biān,	我们行走在清澈的大海边，
Kàn zìyóu fēixiáng de hǎi'ōu,	看自由飞翔的海鸥，
Kàn tiānbiān shèngkāi de yúnxiá.	看天边盛开的云霞。
Wǒmen xíngzǒu zài dàzìrán de huáibào zhōng,	我们行走在大自然的怀抱中，
Kàn zhè měilì de tiāndì hé kuàilè de nǐ wǒ,	看这美丽的天地和快乐的你我，
Zhè jiù shì wǒmen gòngtóng de jiā.	这就是我们共同的家。

第十五课

15.1 设计参加运动会的班服

shè jì cān jiā yùn dòng huì de bān fú

阅读提示 Reading tips

学校要开运动会了，入场式应该穿什么服装？ 10年级3班的同学们正在开班会讨论这个问题。

The school is going to have a sports meeting.What shall we wear for the opening ceremony? The students in class 3 of grade 10 are discussing this issue.

班长：下个月就要开运动会了，咱们讨论一下入场式的服装，好吗？

bān zhǎng xià gè yuè jiù yào kāi yùn dòng huì le zán men tǎo lùn yí xià rù chǎng shì de fú zhuāng hǎo ma

玛丽：我建议穿一身粉色的运动服，特别亮丽。

mǎ lì wǒ jiàn yì chuān yì shēn fěn sè de yùn dòng fú tè bié liàng lì

小明：男同学穿粉色的太奇怪了，

xiǎo míng nán tóng xué chuān fěn sè de tài qí guài le

我建议穿蓝色的。
wǒ jiàn yì chuān lán sè de

杰克：运动服太普通了，咱们班能不能穿得特别一点儿呢？
jié kè yùn dòng fú tài pǔ tōng le zán men bān néng bu néng chuān de tè bié yì diǎnr ne

班长：我同意！但是什么样子才算“特别”的呢？
bān zhǎng wǒ tóng yì dàn shì shén me yàng zi cái suàn tè bié de ne

玛丽：咱们穿T恤和短裤、短裙吧。
mǎ lì zán men chuān xù hé duǎn kù duǎn qún ba

丽华：女同学穿短裙，太好了！
lì huá nǚ tóng xué chuān duǎn qún tài hǎo le

杰克：白色的T恤配蓝色的短裤、短裙，肯定很精神！
jié kè bái sè de xù pèi lán sè de duǎn kù duǎn qún kěn dìng hěn jīng shen

丽华：男同学穿白色的T恤，女同学穿粉色的T恤。
lì huá nán tóng xué chuān bái sè de xù nǚ tóng xué chuān fěn sè de xù

班长：女同学就喜欢粉色的。
bān zhǎng nǚ tóng xué jiù xǐ huan fěn sè de

玛丽：要是再配上一顶蓝色的贝雷帽，就更好看了。
mǎ lì yào shi zài pèi shàng yì dǐng lán sè de bèi léi mào jiù gèng hǎokàn le

班长：其他同学有没有意见？没有就通过了！
bān zhǎng qí tā tóng xué yǒu méi yǒu yì jiàn méi yǒu jiù tōng guò le

词语表
New words

1	班长	bānzhǎng	class monitor
2	身	shēn	measure word
3	普通	pǔtōng	ordinary, normal, regular
4	算	suàn	consider
5	短裤	duǎnkù	shorts
6	短裙	duǎnqún	short skirt
7	贝雷帽	bèiléimào	beret
8	意见	yìjiàn	opinion, suggestion
9	通过	tōngguò	pass

阅读理解
Reading comprehension

1. 10年级3班的同学们在讨论什么问题?
   What were the students in class 3 of grade 10 discussing about?
2. 玛丽和小明各有什么意见?
   What were Mary and Xiaoming's opinions?
3. 最后他们选择了什么样的服装?
   What kind of clothes did they choose at last?
4. 如果你也参加了这场讨论，你的意见是什么?
   If you were joining the discussion, what your opinions would be?
5. 你所在的班级参加过运动会的入场式吗? 你们穿的什么服装? 你喜欢吗?
   Did your class even join the sport meeting's opening ceremony? What did you wear? Did you like it?

15.2 募捐衣服

mù juān yī fu

阅读提示 Reading tips

由于战争，小明的国家最近涌来了一大批难民。人们都十分关心难民的情况。

Because of the war, a lot of refugees came to Xiaoming's country.People are very concerned about the situation of refugees.

社区工作站发出了一则通知，希望大家给难民捐献一些衣服。小明看到后马上找妈妈商量，他准备把自己的一些T恤、夹克和毛衣、毛裤捐献出来。

shè qū gōng zuò zhàn fā chū le yì zé tōng zhī xī wàng dà jiā gěi nàn mín juān xiàn yì xiē yī fu xiǎo míng kàn dào hòu mǎ shàng zhǎo mā ma shāng liang tā zhǔn bèi bǎ zì jǐ de yì xiē xù jiā kè hé máo yī máo kù juān xiàn chū lái

妈妈帮他找衣服，看到小明拿出一件浅绿色的T恤，就说："你不是很喜欢这件衣服吗？也要捐献出去？"小明说："就是因为这件T恤非常漂亮，我才要

mā ma bāng tā zhǎo yī fu kàn dào xiǎo míng ná chū yí jiàn qiǎn lǜ sè de xù jiù shuō nǐ bú shì hěn xǐ huan zhè jiàn yī fu ma yě yào juān xiàn chū qù xiǎo míng shuō jiù shì yīn wèi zhè jiàn xù fēi cháng piào liang wǒ cái yào

捐献出去。我希望得到这件衣服的人也能喜欢它，
juān xiàn chū qù wǒ xī wàng dé dào zhè jiàn yī fu de rén yě néng xǐ huan tā

愿意穿它。”
yuàn yì chuān tā

妈妈和小明又找出几件衣服，然后高高兴兴地
mā ma hé xiǎo míng yòu zhǎo chū jǐ jiàn yī fu rán hòu gāo gāo xìng xìng de

到工作站送衣服。他们看到工作站已经来了几个
dào gōng zuò zhàn sòng yī fu tā men kàn dào gōng zuò zhàn yǐ jīng lái le jǐ gè

送衣服的人，大家都很关心难民的生活，希望他
sòng yī fu de rén dà jiā dōu hěn guān xīn nàn mín de shēng huó xī wàng tā

们的家乡能够早日结束战争，迎来和平。
men de jiā xiāng néng gòu zǎo rì jié shù zhàn zhēng yíng lái hé píng

词语表

New words

1	社区	shèqū	community
2	工作站	gōngzuòzhàn	work station
3	则	zé	measure word for an item
4	难民	nànmín	refugee
5	捐献	juānxiàn	donate
6	商量	shāngliang	discuss
7	毛衣	máoyī	sweater
8	毛裤	máokù	long woolen pants
9	浅绿色	qiǎnlǜsè	light green
10	关心	guānxīn	care, concern
11	家乡	jiāxiāng	hometown
12	早日	zǎorì	early
13	战争	zhànzhēng	war
14	迎来	yínglái	welcome, facing
15	和平	hépíng	peace

阅读理解

Reading comprehension

1. 社区工作站发出了什么通知？
   Which kind of notifications did the community work station send?
2. 小明准备捐献些什么衣服？
   What clothes will Xiaoming donate ?
3. 人们对难民的祝愿是什么？
   What are people's wishes for the refugees?
4. 你怎么看待难民？你会为难民做些什么？
   What do you think of the refugees? What will you do for the refugees?

一、拓展练习

请为你们班设计一套参加运动会的班服，要写出样式、颜色以及设计原因，同时要画出服装设计图。

Please design a class clothes for your class to join in the sports meeting.Please write style,color,design reasons for your choice,and draw the clothing design at the same time.

二、补充阅读

校园文化节

Xiàoyuán Wénhuà Jié

Shàng zhōumò,xuéxiào jǔxíngle xiàoyuán wénhuà jié. Wénhuà jié shang yǒu fēngfù-duōcǎi de wényì jiémù hé gèzhǒng-gèyàng de fúzhuāng zhǎnshì, fēicháng yǒu yìsi.

Xiǎomíng hé tā de péngyoumen dōu chuānzhe zìjǐ de mínzú fúzhuāng cānjiāle huódòng. Yuēhàn chuānle yí jiàn yòng cūmiánbù zhìchéng de sècǎi xiānyàn de dà páo,tóu shang hái yǒu yì tiáo hóngsè de tóujīn, yuánlái tā de zǔxiān láizì Fēizhōu. Xiǎomíng chuānle yì shēn tángzhuāng,biǎomíng zìjǐ láizì Zhōngguó. Bùlǎng chuānle yì tiáo Sūgélán duǎnqún, zhè zhèng shì tāmen de mínzú chuántǒng fúzhuāng. Ér Mǎlì zé chuānle yí jiàn qípáo, dàjiā dōu juéde hěn qíguài. Mǎlì shuō, dì-yī, tā de wàizǔmǔ shì Zhōngguórén,suǒyǐ tā kěyǐ suàn shì sì fēn zhī yī Zhōngguórén; dì-èr, tā tèbié xǐhuan qípáo,juéde chuānshàng fēicháng hǎokàn.Biéde péngyou yě chuānshàngle bùtóng de fúzhuāng. Wénhuà jié zhēn yǒu yìsi,dàjiā dōu guò de shífēn yúkuài.

上周末，学校举行了校园文化节。文化节上有丰富多彩的文艺节目和各种各样的服装展示，非常有意思。

小明和他的朋友们都穿着自己的民族服装参加了活动。约翰穿了一件用粗棉布制成的色彩鲜艳的大袍，头上还有一条红色的头巾，原来他的祖先来自非洲。小明穿了一身唐装，表明自己来自中国。布朗穿了一条苏格兰短裙，这正是他们的民族传统服装。而玛丽则穿了一件旗袍，大家都觉得很奇怪。玛丽说，第一，她的外祖母是中国人，所以她可以算是四分之一中国人；第二，她特别喜欢旗袍，觉得穿上非常好看。别的朋友也穿上了不同的服装。文化节真有意思，大家都过得十分愉快。

第十六课

16.1 陪老人聊天儿

péi lǎo rén liáo tiānr

阅读提示 Reading tips

重阳节是中国人敬老的节日，很多年轻人都会在这一天去看望老人，帮助、慰问他们。

Double Ninth Festival is a festival for Chinese people to respect the elderly people, many young people will visit and help them on that day.

重阳节那天，我和几个朋友
chóng yáng jié nà tiān wǒ hé jǐ gè péng you

一起去敬老院慰问老人。
yì qǐ qù jìng lǎo yuàn wèi wèn lǎo rén

我走进一个房间，里面住的老
wǒ zǒu jìn yí gè fáng jiān lǐ miàn zhù de lǎo

奶奶姓张，今年已经七十六岁了。
nǎi nai xìng zhāng jīn nián yǐ jīng qī shí liù suì le

我叫了一声“张奶奶”，她开心地
wǒ jiào le yì shēng zhāng nǎi nai tā kāi xīn de

应了一声。我说要帮她打扫房
yìng le yì shēng wǒ shuō yào bāng tā dǎ sǎo fáng

间、清洗卫生间，但是张奶奶却说：“不用不用！
jiān qīng xǐ wèi shēng jiān dàn shì zhāng nǎi nai què shuō bú yòng bú yòng

这些有服务员来做。”她要我坐下，还给我倒茶，然后
zhè xiē yǒu fú wù yuán lái zuò tā yào wǒ zuò xià hái gěi wǒ dào chá rán hòu

就和我聊起天儿来。老人说她没有儿女，已经在敬老
jiù hé wǒ liáo qǐ tiānr lái lǎo rén shuō tā méi yǒu ér nǚ yǐ jīng zài jìng lǎo

院住了很多年，还给我讲了她年轻时的事情。我也
yuàn zhù le hěn duō nián hái gěi wǒ jiǎng le tā nián qīng shí de shì qing wǒ yě

给老人讲了我的家庭和现在的情况。我们像亲人
gěi lǎo rén jiǎng le wǒ de jiā tíng hé xiàn zài de qíng kuàng wǒ men xiàng qīn rén

一样聊得可开心
yí yàng liáo de kě kāi xīn

了。我要走的时候，
le wǒ yào zǒu de shí hou

她还依依不舍地
tā hái yī yī bù shě de

说：“你以后一定
shuō nǐ yǐ hòu yí dìng

还要再来呀！”我
hái yào zài lái ya wǒ

马上就答应了。
mǎ shàng jiù dā ying le

通过这次活动，我发现这些老人是世界上最需
tōng guò zhè cì huó dòng wǒ fā xiàn zhè xiē lǎo rén shì shì jiè shang zuì xū

要人们关注和帮助的人。他们最需要的不是物质
yào rén men guān zhù hé bāng zhù de rén tā men zuì xū yào de bú shì wù zhì

上的帮助，而是精神上的关心，因为他们很寂
shang de bāng zhù ér shì jīng shén shang de guān xīn yīn wèi tā men hěn jì

寞，希望有人常去看他们。
mò xī wàng yǒu rén cháng qù kàn tā men

词语表
New words

1	敬老院	jìnglǎoyuàn	nursing home
2	慰问	wèiwèn	extend one's regards to
3	声	shēng	measure word
4	应	yìng	answer, respond
5	倒	dào	pour
6	儿女	érnǚ	son and daughter
7	亲人	qīnrén	relative
8	依依不舍	yīyī-bùshě	be reluctant to part
9	答应	dāying	promise
10	关注	guānzhù	pay attention to
11	物质	wùzhì	substance
12	而是	érshì	however
13	寂寞	jìmò	lonely

阅读理解
Reading comprehension

1. “我”去敬老院做什么？
   Why did I go to the nursing home?
2. 张奶奶是怎样的一个人？
   Which kind of person is grandmother Zhang?
3. 她对“我”有什么希望？
   What hope did she have of me?
4. 老人最需要哪些帮助？你愿意怎么帮助他们？
   Which kind of help does the elderly people need the most? How would you like to help them?

16.2 环保日记

huán bǎo rì jì

阅读提示 Reading tips

这是一个德国小学生写的环保日记，很多人看到这篇日记后深受启发，也开始积极开展环保活动。

The following is an environmental diary wrote by a German primary school student.Many people actively carry out environmental protection activities after reading this diary.

四月一日　周一　晴

sì yuè yī rì　zhōu yī　qíng

我为快要灭绝的灰鹤捐了一元零花钱。

wǒ wèi kuài yào miè jué de huī hè juān le yì yuán líng huā qián

四月二日　周二　小雨

sì yuè èr rì　zhōu èr　xiǎo yǔ

我睡觉时忘了关灯，浪费了电，真不应该。

wǒ shuì jiào shí wàng le guān dēng làng fèi le diàn zhēn bù yīng gāi

四月三日　周三　晴
sì yuè sān rì　zhōu sān　qíng

上绘画课时，我撕了三张白纸。老师说
shàng huì huà kè shí　wǒ sī le sān zhāng bái zhǐ　lǎo shī shuō

造纸要用很多木材和水，我很惭愧。
zào zhǐ yào yòng hěn duō mù cái hé shuǐ　wǒ hěn cán kuì

四月四日　周四　阴
sì yuè sì rì　zhōu sì　yīn

我发现妈妈只为洗两件小衣服就开动洗
wǒ fā xiàn mā ma zhǐ wèi xǐ liǎng jiàn xiǎo yī fu jiù kāi dòng xǐ

衣机，很浪费。妈妈听了我的建议，说以后等
yī jī　hěn làng fèi　mā ma tīng le wǒ de jiàn yì　shuō yǐ hòu děng

要洗的衣服多一些再一起洗。
yào xǐ de yī fu duō yì xiē zài yì qǐ xǐ

四月五日　周五　大风
sì yuè wǔ rì　zhōu wǔ　dà fēng

我丢垃圾时发现妈妈没有分类，于是我把
wǒ diū lā jī shí fā xiàn mā ma méi yǒu fēn lèi　yú shì wǒ bǎ

所有的垃圾分好类后才丢进垃圾箱。
suǒ yǒu de lā jī fēn hǎo lèi hòu cái diū jìn lā jī xiāng

词语表
New words

1	环保	huánbǎo	environmental protection
2	日记	rìjì	dairy
3	快要	kuàiyào	ready to; about to
4	灭绝	mièjué	extinct
5	灰鹤	huīhè	grey crane
6	关	guān	turn off
7	灯	dēng	light
8	浪费	làngfèi	waste
9	撕	sī	tear
10	木材	mùcái	wood
11	惭愧	cánkuì	ashamed
12	开动	kāidòng	start
13	洗衣机	xǐyījī	washing machine
14	垃圾	lājī	rubbish, trash, garbage
15	分类	fēnlèi	classify
16	垃圾箱	lājīxiāng	dustbin

阅读理解
Reading comprehension

1. “我”为环保做了什么?
   What did I do to help with the environment?
2. “我”做了哪些不利于环保的事情?
   What did I do which is bad for the environment?
3. “我”和“我”的家人会为环保做哪些改变?
   What changes will I and my family make to the environment?
4. 你在环保方面做过什么?
   What did you do to help with the environment?

一、拓展练习

仿照课文，写一写你自己的环保日记。

Write your environmental diary according to the text.

二、补充阅读

环保小标语

Huánbǎo Xiǎo Biāoyǔ

1. Wèile nǐ hé tārén de jiànkāng,qǐng búyào xī yān.
2. Bǎohù dòngwù jiùshì bǎohù wǒmen de tónglèi.
3. Dòngwù shì rénlèi qīnmì de péngyou,rénlèi shì dòngwù xìnlài de huǒbàn.
4. Shùmù yōngyǒu lǜsè,dìqiú cái yǒu shēngmìng.
5. Dìqiú shì wǒ jiā,lǜhuà kào dàjiā.
6. Xiǎo cǎo duì nín wēiwēixiào,qǐng nín bǎ lù rào yí rào.
7. Gāogāoxìngxìng chūmén qù,píngpíng'ān'ān huí jiā lái.

1. 为了你和他人的健康，请不要吸烟。
2. 保护动物就是保护我们的同类。
3. 动物是人类亲密的朋友，人类是动物信赖的伙伴。
4. 树木拥有绿色，地球才有生命。
5. 地球是我家，绿化靠大家。
6. 小草对您微微笑，请您把路绕一绕。
7. 高高兴兴出门去，平平安安回家来。

第十七课

17.1

香港[1]中学生在世博会[2]做志愿者

xiāng gǎng zhōng xué shēng zài shì bó huì zuò zhì yuàn zhě

阅读提示

Reading tips

世博会首次在中国举办时，很多年轻人争当志愿者，其中也有香港的中学生。记者对活动组织者和中学生进行了采访。

When the World Expo first time held in China,it attracted a lot of young volunteers,some of them were Hong Kong middle school students.There was interviews with the organizers and the students.

记者：先生，听说上海[3]世博会在香港招志愿者时，有很多香港人报名，有中学生吗？

jì zhě: xiān sheng tīng shuō shàng hǎi shì bó huì zài xiāng gǎng zhāo zhì yuàn zhě shí yǒu hěn duō xiāng gǎng rén bào míng yǒu zhōng xué shēng ma

① Hong Kong.

② World Expo.

③ Shanghai.

负责人：有啊，有十一位香港中学生在上海世博会上做了志愿者。

fù zé rén　yǒu a　yǒu shí yī wèi xiāng gǎng zhōng xué shēng zài shàng hǎi shì bó huì shang zuò le zhì yuàn zhě

记　者：他们都做些什么？做得怎么样？

jì　zhě　tā men dōu zuò xiē shén me　zuò de zěn me yàng

负责人：他们的工作是接待、翻译、宣传等。香港的同学英语都很流利，做得非常好。

fù zé rén　tā men de gōng zuò shì jiē dài　fān yì　xuān chuán děng　xiāng gǎng de tóng xué yīng yǔ dōu hěn liú lì　zuò de fēi cháng hǎo

记　者：陈同学，你的英语很好，做志愿者和别人交流没问题吧？

jì　zhě　chén tóng xué　nǐ de yīng yǔ hěn hǎo　zuò zhì yuàn zhě hé bié rén jiāo liú méi wèn tí ba

陈同学：会说英语的客人没问题。但是有一次一位只会说法语的客人问我问题，我们手忙脚乱地比画半天，还是难以交流。

chén tóng xué　huì shuō yīng yǔ de kè rén méi wèn tí　dàn shì yǒu yí cì yí wèi zhǐ huì shuō fǎ yǔ de kè rén wèn wǒ wèn tí　wǒ men shǒu máng jiǎo luàn de bǐ hua bàn tiān　hái shi nán yǐ jiāo liú

记　者：林同学，你怎么样？

jì　zhě　lín tóng xué　nǐ zěn me yàng

林同学：我们很忙，有时忙得没时间上厕所，可是天气很热，不喝水又不行。

lín tóng xué　wǒ men hěn máng　yǒu shí máng de méi shí jiān shàng cè suǒ　kě shì tiān qì hěn rè　bù hē shuǐ yòu bù xíng

记　者：那真是太辛苦了！

jì　zhě　nà zhēn shì tài xīn kǔ le

林同学：不辛苦，我们每天只做半天志愿者工作，

lín tóng xué　bù xīn kǔ　wǒ men měi tiān zhǐ zuò bàn tiān zhì yuàn zhě gōng zuò

不工作的时候可以参观世博园。这三周我参观了很多地方，真是大饱眼福。

bù gōng zuò de shí hou kě yǐ cān guān shì bó yuán zhè sān zhōu wǒ cān guān le hěn duō dì fang zhēn shì dà bǎo yǎn fú

（根据中国新闻网2010年6月7日通讯《香港学生赴世博做志愿者　十里挑一展英语才能》改编）

词语表 New words

1	志愿者	zhìyuànzhě	volunteer
2	记者	jìzhě	reporter
3	招	zhāo	recruit
4	报名	bàomíng	sign up
5	负责人	fùzérén	organizer, sponsor
6	接待	jiēdài	receive
7	翻译	fānyì	translate
8	宣传	xuānchuán	publicize
9	流利	liúlì	fluent
10	交流	jiāoliú	communicate
11	手忙脚乱	shǒumáng-jiǎoluàn	be in a great bustle
12	比画	bǐhua	gesture
13	厕所	cèsuǒ	toilet, washroom, bathroom
14	辛苦	xīnkǔ	hard; laborious
15	大饱眼福	dàbǎoyǎnfú	feast one's eyes (on sth.)

阅读理解
Reading comprehension

1. 香港有多少中学生在世博会做志愿者?
   How many middle school students from Hong Kong volunteered at the World Expo?
2. 他们的工作包括什么?
   What did their work include?
3. 在为世博会服务的同时，他们还有哪些收获?
   What were they gaining while serving the World Expo?
4. 你有当志愿者的经历吗? 你做过什么?
   Do you have any experience as a volunteer? What did you do?

17.2 “扫桥爷爷”的故事

sǎo qiáo yé ye de gù shi

阅读提示 Reading tips

北京的窦珍老人曾被评为“身边雷锋——最美北京人”，并入选2012年度“中国好人榜”。

Dou Zhen,an old man in Beijing,has been rated as “around Lei Feng–the most beautiful Peking man” ,and selected the 2012 annual “good Chinese list” .

在北京市丰台区，有一座过街天桥叫“连心桥”。
zài běi jīng shì fēng tái qū yǒu yí zuò guò jiē tiān qiáo jiào lián xīn qiáo

窦珍从2002年起，每天都在桥上扫垃圾、擦护栏，
dòu zhēn cóng nián qǐ měi tiān dōu zài qiáo shang sǎo lā jī cā hù lán

一干就是11年。今年9月，家人把他送到了敬老院，
yí gàn jiù shì nián jīn nián yuè jiā rén bǎ tā sòng dào le jìng lǎo yuàn

可老人放心不下扫桥的事情，又跑了回来。窦珍说：
kě lǎo rén fàng xīn bú xià sǎo qiáo de shì qing yòu pǎo le huí lái dòu zhēn shuō

“生命不息，绝不休息。”
shēng mìng bù xī jué bù xiū xi

心疼他的人们成立了一支“窦珍志愿者服务
xīn téng tā de rén men chéng lì le yì zhī dòu zhēn zhì yuàn zhě fú wù

队”，要接过老人手中的扫帚，把“连心桥”的清洁
duì yào jiē guò lǎo rén shǒu zhōng de sào zhou bǎ lián xīn qiáo de qīng jié

工作做好。交接仪式三天后进行，窦珍老人再次扫
gōng zuò zuò hǎo jiāo jiē yí shì sān tiān hòu jìn xíng dòu zhēn lǎo rén zài cì sǎo

桥时，却从桥上意外摔倒身亡。
qiáo shí què cóng qiáo shang yì wài shuāi dǎo shēn wáng

寒冷的冬天，这座铁桥上开出一束又一束鲜
hán lěng de dōng tiān zhè zuò tiě qiáo shang kāi chū yí shù yòu yí shù xiān

花。这些鲜花是人们送给这位刚刚离去的87岁老
huā zhè xiē xiān huā shì rén men sòng gěi zhè wèi gāng gāng lí qù de suì lǎo

人的。
rén de

词语表
New words

1	扫	sǎo	sweep
2	区	qū	district
3	座	zuò	measure word
4	过街天桥	guòjiē tiānqiáo	overpass
5	护栏	hùlán	fence
6	生命	shēngmìng	life
7	不息	bùxī	endless
8	绝	jué	absolutely
9	心疼	xīnténg	love dearly
10	服务队	fúwùduì	service team
11	扫帚	sàozhou	broom
12	交接	jiāojiē	hand over
13	仪式	yíshì	ceremony
14	意外	yìwài	accident
15	身亡	shēnwáng	die, pass away
16	寒冷	hánlěng	cold

阅读理解
Reading comprehension

1. 窦珍老人坚持11年义务做什么工作?

   What voluntary work did Dou Zhen adhere to do for 11 years?

2. 人们为什么要成立“窦珍志愿者服务队”?

   Why people organized “Dou Zhen volunteer service team”?

3. 冬天，过街天桥上为什么会有很多鲜花?

   Why there are many flowers on the overpass in winter?

4. 窦珍老人为什么被称为“最美北京人”?

   Why Dou Zhen was called “the most beautiful Peking man”?

一、拓展练习

用合适的词语完成下面的短文。

Complete the following passage with the proper words.

扫雪

今天天气________，天空下着____________，一会儿树上、房屋上、地上都变成了________。路上的行人__________________。

我和爸爸妈妈拿起__________________，到马路上________________。我很用力地_____________，头上_____________________________。爸爸妈妈鼓励我说：“_____________________________。”“好！”我答应道。就这样，我们全家一起把_________________________________。看着被清扫干净的马路，我们____。

二、补充阅读

世界需要热心肠

Shìjiè Xūyào Rèxīncháng

Yí gè líba sān gè zhuāng,yí gè hǎohàn sān gè bāng.

Wèile dàjiā dōu xìngfú,shìjiè xūyào rèxīncháng.

Rénshēng de dàolù duō qūzhé,rénshēng dàolù yòu màncháng.

Shéi yě nánmiǎn yùdào xiǎnzǔ,shéi yě nánmiǎn yùdào lùzhàng.

Zhǐyào nǐ wǒ rèqíng xiāngzhù,nuòfū yě huì biànchéng jīngāng.

一个篱笆三个桩，一个好汉三个帮。

为了大家都幸福，世界需要热心肠。

人生的道路多曲折，人生道路又漫长。

谁也难免遇到险阻，谁也难免遇到路障。

只要你我热情相助，懦夫也会变成金刚。

（歌曲《世界需要热心肠》节选，作词乔羽，作曲谷建芬）

第十八课

18.1 暑假去什么夏令营

shǔ jià qù shén me xià lìng yíng

阅读提示 Reading tips

暑假即将来临，杰克想到中国参加夏令营，于是向汉语老师咨询。

Summer holiday is near.Jack is planning to join in the summer camp in China. He is asking advice from the Chinese teacher.

杰 克：林 老 师，今 年 暑 假 我 想 去 中 国，那 里 有 中 学 生 的 夏 令 营 吗？

jié kè: lín lǎo shī, jīn nián shǔ jià wǒ xiǎng qù zhōng guó, nà lǐ yǒu zhōng xué shēng de xià lìng yíng ma?

林 老 师：有 啊，你 想 参 加 哪 类 夏 令 营？

lín lǎo shī: yǒu a, nǐ xiǎng cān jiā nǎ lèi xià lìng yíng?

杰 克：您 能 给 我 介 绍 一 下 吗？

jié kè: nín néng gěi wǒ jiè shào yí xià ma?

林老师：可以。中国的夏令营种类很多，可以根据自己的爱好进行选择。比如，有培养体育技能的篮球、足球、游泳等体育夏令营；有培养兴趣爱好的唱歌、跳舞、表演等艺术夏令营；还有培养科学爱好的网络游戏开发、机器人制作等科技夏令营。
lín lǎo shī: kě yǐ zhōng guó de xià lìng yíng zhǒng lèi hěn duō kě yǐ gēn jù zì jǐ de ài hào jìn xíng xuǎn zé bǐ rú yǒu péi yǎng tǐ yù jì néng de lán qiú zú qiú yóu yǒng děng tǐ yù xià lìng yíng yǒu péi yǎng xìng qù ài hào de chàng gē tiào wǔ biǎo yǎn děng yì shù xià lìng yíng hái yǒu péi yǎng kē xué ài hào de wǎng luò yóu xì kāi fā jī qì rén zhì zuò děng kē jì xià lìng yíng

杰　克：那我应该选哪类呢？
jié kè: nà wǒ yīng gāi xuǎn nǎ lèi ne

林老师：我建议你选中国文化体验夏令营，参观一些名胜古迹，访问一些中国家庭，可以比较深入地了解中国文化。
lín lǎo shī: wǒ jiàn yì nǐ xuǎn zhōng guó wén huà tǐ yàn xià lìng yíng cān guān yì xiē míng shèng gǔ jì fǎng wèn yì xiē zhōng guó jiā tíng kě yǐ bǐ jiào shēn rù de liǎo jiě zhōng guó wén huà

杰　克：好，我和别的同学商量商量。
jié kè: hǎo wǒ hé bié de tóng xué shāng liang shāng liang

林老师：你可以在网上查查资料，比较一下，然后再报名。
lín lǎo shī: nǐ kě yǐ zài wǎng shàng chá cha zī liào bǐ jiào yí xià rán hòu zài bào míng

杰　克：谢谢林老师！
jié kè: xiè xie lín lǎo shī

林老师：不客气，祝你暑假愉快！
lín lǎo shī: bú kè qi zhù nǐ shǔ jià yú kuài

词语表
New words

1	类	lèi	kind, type
2	根据	gēnjù	according to
3	比如	bǐrú	such as; for example
4	培养	péiyǎng	cultivate; train
5	技能	jìnéng	skill
6	艺术	yìshù	art
7	科学	kēxué	science
8	网络	wǎngluò	network
9	开发	kāifā	develop
10	机器人	jīqìrén	robot
11	制作	zhìzuò	product
12	科技	kējì	science and technology
13	体验	tǐyàn	experience
14	访问	fǎngwèn	visit
15	深入	shēnrù	go deep into

阅读理解
Reading comprehension

1. 今年暑假杰克有什么打算?

   What was Jack's plan for this summer vacation?

2. 中国国内有哪些类型的夏令营?

   What types of summer camps are available in China?

3. 林老师建议杰克参加什么夏令营? 为什么?

   What summer camp did Teacher Lin suggest Jack to attend in? Why?

4. 你想参加什么夏令营?

   What summer camp do you like to join?

18.2 暑假的秘密

shǔ jià de mì mì

阅读提示 Reading tips

暑假生活是多种多样的。除了外出活动外，一个人在家里可以做点儿什么呢？

Summer holiday is fun, apart from the outdoor activities,is there something else to do when someones alone at home?

暑假的第一天，早晨没等妈妈叫，我就早早地起
shǔ jià de dì yī tiān zǎo chen méi děng mā ma jiào wǒ jiù zǎo zǎo de qǐ

来把房间打扫得干干净净。爸爸妈妈很吃惊，以为今
lái bǎ fáng jiān dǎ sǎo de gān gān jìng jìng bà ba mā ma hěn chī jīng yǐ wéi jīn

天“太阳从西边出来”了呢。我说：“这是我的秘密。”
tiān tài yáng cóng xī bian chū lái le ne wǒ shuō zhè shì wǒ de mì mì

吃完早饭，爸爸妈妈都去上班了，我就开始了我
chī wán zǎo fàn bà ba mā ma dōu qù shàng bān le wǒ jiù kāi shǐ le wǒ

的秘密行动——做家务。学着妈妈的样子，我先把抹
de mì mì xíng dòng zuò jiā wù xué zhe mā ma de yàng zi wǒ xiān bǎ mā

布洗干净，蹲在地上，一点儿一点儿擦地板，还没擦
bù xǐ gān jìng dūn zài dì shang yì diǎnr yì diǎnr cā dì bǎn hái méi cā

完一个房间，我已经热得满头大汗了。这时我才体
wán yí gè fáng jiān wǒ yǐ jīng rè de mǎn tóu dà hán le zhè shí wǒ cái tǐ

会到妈妈的辛苦。一个小时后，我把地板擦完了，看
huì dào mā ma de xīn kǔ yí gè xiǎo shí hòu wǒ bǎ dì bǎn cā wán le kàn

着干净的地板，心里高兴极了。
zhe gān jìng de dì bǎn xīn li gāo xìng jí le

下午五点，我又开始了第二个秘密行动——帮妈
xià wǔ wǔ diǎn wǒ yòu kāi shǐ le dì èr gè mì mì xíng dòng bāng mā

妈煮饭。我学着妈妈的样子，把米洗干净，然后倒进
ma zhǔ fàn wǒ xué zhe mā ma de yàng zi bǎ mǐ xǐ gān jìng rán hòu dào jìn

电饭锅，放了足够的水，打开电源开始煮饭。过了半
diàn fàn guō fàng le zú gòu de shuǐ dǎ kāi diàn yuán kāi shǐ zhǔ fàn guò le bàn

个小时，饭煮好了。我又把蔬菜洗干净，然后等爸爸
gè xiǎo shí fàn zhǔ hǎo le wǒ yòu bǎ shū cài xǐ gān jìng rán hòu děng bà ba

妈妈回家。
mā ma huí jiā

以前，我总是饭来张口，衣来伸手。所以呢，我
yǐ qián wǒ zǒng shì fàn lái zhāng kǒu yī lái shēn shǒu suǒ yǐ ne wǒ

暑假的秘密就是学会做家务，帮助爸爸妈妈做一点
shǔ jià de mì mì jiù shì xué huì zuò jiā wù bāng zhù bà ba mā ma zuò yì diǎnr

儿事情。
shì qing

词语表
New words

1	秘密	mìmì	secret
2	吃惊	chījīng	be surprised
3	行动	xíngdòng	action
4	家务	jiāwù	housework
5	抹布	mābù	rag
6	蹲	dūn	squat
7	地板	dìbǎn	floor
8	满头大汗	mǎntóu-dàhàn	one's face streaming with sweat
9	煮	zhǔ	cook
10	电饭锅	diànfànguō	electric rice cooker
11	足够	zúgòu	enough
12	电源	diànyuán	power supply
13	蔬菜	shūcài	vegetable
14	饭来张口，衣来伸手	fàn lái zhāngkǒu，yī lái shēnshǒu	be waited on hand and foot

阅读理解
Reading comprehension

1. “太阳从西边出来”是什么意思？
   What is the meaning of “太阳从西边出来”?
2. “我”的秘密行动是什么？
   What were my secret actions?
3. “我”是怎么煮饭的？
   How did I cook?
4. 你经常做家务吗？做什么家务？
   Do you often do the housework? What would you do?

一、拓展练习

将下列词语填到横线上。

Fill in the blanks with the following words.

医生　有趣　风暴　身体　巨人

帮助　勇敢　困难　作者　小人国

暑假我读了一本书，名叫《格列佛游记》①。这本书的______是乔纳森·斯威夫特②。小说讲的是一名______，他先后去过四个国家，遇到很多又危险又______的事情。最吸引我的是他在______的经历。他在海上遇到了______，船下沉了。当他醒来后发现自己被运到了一个小岛上。和那里的人相比，他就是一个______，______高大，吃得也多。后来，他______了那里的人，最后回到了英国。

读完以后，我觉得格列佛很坚强，不怕______，我也应该像他一样______。

① Gulliver's Travels.

② Jonathan Swift.

二、补充阅读

童年

Tóngnián

Chítáng biān de róngshù shang,	池塘边的榕树上，
Zhīliǎo zài shēngshēng jiàozhe xiàtiān.	知了在声声叫着夏天。
Cāochǎng biān de qiūqiān shang,	操场边的秋千上，
Zhǐ yǒu húdié tíng zài shàngmiàn.	只有蝴蝶停在上面。
Hēibǎn shang lǎoshī de fěnbǐ,	黑板上老师的粉笔，
Hái zài pīnmìng jījīzhāzhā xiě gè bù tíng.	还在拼命叽叽喳喳写个不停。
Děngdàizhe xiàkè,	等待着下课，
Děngdàizhe fàngxué,	等待着放学，
Děngdài yóuxì de tóngnián.	等待游戏的童年。
Yángguāng xià qīngtíng fēi guòlái,	阳光下蜻蜓飞过来，
Yípiànpiàn lǜyóuyóu de dàotián.	一片片绿油油的稻田。
Shuǐcǎi làbǐ hé wànhuātǒng,	水彩蜡笔和万花筒，
Huà bù chū tiānbiān nà yí dào cǎihóng.	画不出天边那一道彩虹。
Shénme shíhou cái néng xiàng gāo niánjí de tóngxué	什么时候才能像高年级的同学
Yǒu zhāng chéngshú yǔ zhǎngdà de liǎn?	有张成熟与长大的脸？
Pànwàngzhe jiàqī,	盼望着假期，
Pànwàngzhe míngtiān,	盼望着明天，
Pànwàng zhǎngdà de tóngnián.	盼望长大的童年。

（歌曲《童年》节选，词曲罗大佑）

词语表

词语	拼音	英文	课数
哎呀	āiyā	wow;oh	4.1
芭蕾舞	bālěiwǔ	ballet	12.2
白开水	báikāishuǐ	boiled water	12.1
班长	bānzhǎng	class monitor	15.1
搬家	bānjiā	move house; relocate	3.2
办	bàn	do	2.2
办法	bànfǎ	method	4.2
办公室	bàngōngshì	office	3.2
帮助	bāngzhù	help	14.2
报名	bàomíng	sign up	17.1
北边	běibian	north	3.1
贝雷帽	bèiléimào	beret	15.1
本子	běnzi	notebook	3.2
比	bǐ	than	2.1
比画	bǐhua	gesture	17.1
比较	bǐjiào	relatively	14.1
比如	bǐrú	such as; for example	18.1
蝙蝠侠	biānfúxiá	Batman	13.2
表演	biǎoyǎn	performance	6.2
别人	biérén	other people	4.2
并	bìng	and	14.2
不但	búdàn	not only	2.2
不用	búyòng	not need, don’t have to	7.2
不息	bùxī	endless	17.2
部	bù	measure word	4.1

部分	bùfen	part	5.2
擦	cā	wipe	2.1
猜	cāi	guess	12.2
参观	cānguān	visit	6.1
餐厅	cāntīng	dining room	7.1
餐桌	cānzhuō	dining table	7.1
惭愧	cánkuì	ashamed	16.2
厕所	cèsuǒ	toilet,washroom,bathroom	17.1
长期	chángqī	long-term; long-lasting	10.2
长寿	chángshòu	a long life; longevity	10.1
唱歌	chàng gē	sing	8.1
超级	chāojí	super	9.2
超市	chāoshì	supermarket	2.1
成	chéng	become; turn into	11.2
成立	chénglì	found; establish	6.2
成为	chéngwéi	become	5.2
乘客	chéngkè	passenger	9.1
吃惊	chījīng	be surprised	18.2
充满	chōngmǎn	full of	11.2
出来	chūlái	out	6.1
除了	chúle	besides	8.1
厨房	chúfáng	kitchen	7.1
厨师	chúshī	cook,chef	9.1
串	chuàn	measure word	12.1
床	chuáng	bed	7.1
此外	cǐwài	besides	5.2
从来	cónglái	from the past till the present	12.1
存钱罐	cúnqiánguàn	saving pot,money box	8.2

搭建	dājiàn	build; establish	6.1
答应	dāying	promise	16.1
打开	dǎkāi	open	7.1
大饱眼福	dàbǎoyǎnfú	feast one's eyes（on sth.)	17.1
大多	dàduō	most of	3.1
代表	dàibiǎo	represent	10.1
到来	dàolái	arrival,coming	8.1
倒	dào	pour	16.1
得	děi	have to	7.2
灯	dēng	light	16.2
等级	děngjí	level	4.2
地板	dìbǎn	floor	18.2
地理学家	dìlǐ xuéjiā	geographer	9.2
地球	dìqiú	the earth	5.1
地图	dìtú	map	2.1
点心	diǎnxin	dessert, pastry	8.1
电饭锅	diànfànguō	electric rice cooker	18.2
电源	diànyuán	power supply	18.2
定为	dìngwéi	as	5.2
度过	dùguò	spend	8.1
短裤	duǎnkù	shorts	15.1
短裙	duǎnqún	short skirt	15.1
段	duàn	measure word	6.2
对面	duìmiàn	opposite side	7.1
蹲	dūn	squat	18.2
顿	dùn	measure word for meals	10.1
多么	duōme	how	9.1
儿女	érnǚ	son and daughter	16.1

而且	érqiě	but also	2.2
而是	érshì	however	16.1
发	fā	send	6.2
发胖	fāpàng	put on weight; get fat	10.2
翻译	fānyì	translate	17.1
饭馆	fànguǎn	restaurant	7.2
饭来张口，衣来伸手	fàn lái zhāngkǒu，yī lái shēnshǒu	be waited on hand and foot	18.2
访问	fǎngwèn	visit	18.1
放假	fàngjià	take a holiday	9.2
放心	fàngxīn	feel at ease	3.1
放学	fàngxué	after school	3.2
飞	fēi	fly	9.1
分类	fēnlèi	classify	16.2
分为	fēnwéi	divide into	4.2
丰富	fēngfù	rich	14.1
丰富多彩	fēngfù-duōcǎi	varied and fun	1.2
封	fēng	measure word for letters	12.2
服务队	fúwùduì	service team	17.2
负责	fùzé	in charge of	9.2
负责人	fùzérén	organizer,sponsor	17.1
附近	fùjìn	nearby	3.2
复习	fùxí	review	1.2
干净	gānjìng	clean	2.1
感想	gǎnxiǎng	thoughts	14.2
感谢	gǎnxiè	thank	4.2
刚	gāng	just	11.2
歌迷	gēmí	fan(of a song or a singer)	6.1

歌星	gēxīng	singing star	6.1
各	gè	each	1.2
各种各样	gèzhǒng-gèyàng	all kinds of	11.2
根据	gēnjù	according to	18.1
更	gèng	more	6.2
工程	gōngchéng	project	6.1
工程师	gōngchéngshī	engineer	9.2
工作站	gōngzuòzhàn	work station	15.2
公司	gōngsī	company	7.2
够	gòu	enough	8.2
古时候	gǔ shíhou	ancient times	4.2
鼓励	gǔlì	encourage	5.2
关	guān	turn off	16.2
关心	guānxīn	care, concern	15.2
关注	guānzhù	pay attention to	16.1
冠军	guànjūn	champion	4.1
国家	guójiā	country	3.1
过街天桥	guòjiē tiānqiáo	overpass	17.2
海盗装	hǎidàozhuāng	pirates customes	13.2
海鲜	hǎixiān	seafood	12.1
寒冷	hánlěng	cold	17.2
汉堡	hànbǎo	burger	7.2
好处	hǎochù	benefit	2.2
好久不见	hǎojiǔ bújiàn	long time no see	11.1
合脚	héjiǎo	fit	14.1
和平	hépíng	peace	15.2
黑	hēi	black	13.2
红茶	hóngchá	black tea	11.2

后面	hòumiàn	back	3.2
忽然	hūrán	suddenly	2.2
壶	hú	kettle; pot	11.2
护栏	hùlán	fence	17.2
画	huà	draw	2.1
环保	huánbǎo	environmental protection	16.2
换	huàn	change	4.1
灰鹤	huīhè	grey crane	16.2
回家	huí jiā	go home	7.2
回来	huílái	come back	7.2
活动	huódòng	activity	1.2
火车	huǒchē	train	9.1
机器人	jīqìrén	robot	18.1
鸡汤	jītāng	chicken soup	12.1
极	jí	very, extrmely	2.2
急急忙忙	jíjímángmáng	in hurry	10.2
集合	jíhé	gather	14.2
集体	jítǐ	group	9.2
计划	jìhuà	plan	5.1
记录	jìlù	record	9.2
记者	jìzhě	reporter	17.1
技能	jìnéng	skill	18.1
寄	jì	send	12.2
寂寞	jìmò	lonely	16.1
加	jiā	put in; add	11.1
夹克	jiākè	jacket	13.1
家务	jiāwù	housework	18.2
家乡	jiāxiāng	hometown	15.2

间	jiān	measure word	7.1
建筑	jiànzhù	architecture	6.1
健康	jiànkāng	health	9.2
讲	jiǎng	tell	5.1
交接	jiāojiē	hand over	17.2
交流	jiāoliú	communicate	17.1
教学楼	jiàoxuélóu	teaching building	3.2
接待	jiēdài	receive	17.1
结果	jiéguǒ	finally; as a result	12.2
津津有味	jīnjīn-yǒuwèi	with relish; with gusto	10.1
紧张	jǐnzhāng	nervous; stressful	1.2
近	jìn	nearly	3.1
经过	jīngguò	after	14.2
惊喜	jīngxǐ	surprise	8.2
精心	jīngxīn	elaborately	8.1
竞走	jìngzǒu	heel-to-toe walking	14.1
敬老院	jìnglǎoyuàn	nursing home	16.1
舅妈	jiùmā	aunt	13.1
橘红色	júhóngsè	orange-red; tangerine	14.1
橘黄色	júhuángsè	orange-yellow; saffron	14.1
举办	jǔbàn	hold	8.1
捐献	juānxiàn	donate	15.2
绝	jué	absolutely	17.2
军事家	jūnshìjiā	militarist; strategist	4.2
咖啡馆	kāfēiguǎn	café; coffee shop	11.1
开	kāi	open	1.1
开动	kāidòng	start	16.2
开发	kāifā	develop	18.1

开心	kāixīn	happy, joy	8.2
开展	kāizhǎn	launch	5.2
看起来	kàn qǐlái	seem like, look like	10.2
考验	kǎoyàn	test	14.2
科幻	kēhuàn	science fiction	5.1
科技	kējì	science and technology	18.1
科学	kēxué	science	18.1
可	kě	can; be worth (doing)	1.1
可口	kěkǒu	delicious, tasty, yummy	10.1
可惜	kěxī	regrettable	5.1
客气	kèqi	too courteous; too modest	12.1
客厅	kètīng	living room	7.1
肯定	kěndìng	surely, certainly	13.2
口	kǒu	a bite	10.1
苦	kǔ	bitter	11.1
酷	kù	cool	6.2
快要	kuàiyào	ready to; about to	16.2
垃圾	lājī	rubbish, trash,garbage	16.2
垃圾箱	lājīxiāng	dustbin	16.2
来	lái	would like…(often used for ordering food in a restaurant)	11.1
来不及	láibují	too late to	5.1
来历	láilì	origin; source	12.2
浪费	làngfèi	waste	16.2
老	lǎo	always	6.1
老两口	lǎoliǎngkǒu	couples who married for long time (mainly says they're the elders)	12.2
类	lèi	kind,type	18.1

离不开	líbukāi	can't live without	11.2
连	lián	even	2.2
亮丽	liànglì	bright	14.1
了不起	liǎobuqǐ	amazing	6.1
了解	liǎojiě	understand; know	6.2
流利	liúlì	fluent	17.1
旅行	lǚxíng	travel	9.1
旅行团	lǚxíngtuán	tour group	9.2
旅途	lǚtú	journey	9.2
绿茶	lǜchá	green tea	11.2
抹布	mābù	rag	18.2
麻婆豆腐	Mápó dòufu	stir-fried tofu in hot sauce	10.1
马	mǎ	horse	4.2
马上	mǎshàng	immediately	6.2
满头大汗	mǎntóu-dàhán	one's face streaming with sweat	18.2
毛裤	máokù	long woolen pants	15.2
毛衣	máoyī	sweater	15.2
美景	měijǐng	beautiful views	14.2
梦想	mèngxiǎng	dream	9.1
秘密	mìmì	secret	18.2
面包	miànbāo	bread	8.1
灭绝	mièjué	extinct	16.2
名	míng	measure word for people	9.1
模仿	mófǎng	imitate	6.2
木材	mùcái	wood	16.2
那	nà	so; in that case	10.2
奶	nǎi	milk	11.1
耐力	nàilì	endurance	14.2

男孩儿	nánháir	boy	1.1
南边	nánbian	south	3.2
难过	nánguò	sad	2.2
难民	nànmín	refugee	15.2
年级	niánjí	grade	1.1
年轻	niánqīng	young	9.1
女	nǚ	female	1.1
拍	pāi	take photo	9.2
排队	páiduì	queue(up)	6.1
排骨汤	páigǔ tāng	rib soup	10.1
盘	pán	measure word for dishes	10.1
泡	pào	make	11.2
培养	péiyǎng	cultivate; train	18.1
疲劳	píláo	tired	6.2
啤酒	píjiǔ	beer	12.1
便宜	piányi	cheap	2.1
票	piào	ticket	6.1
品种	pǐnzhǒng	variety	14.1
普通	pǔtōng	ordinary, normal, regular	15.1
期待	qīdài	expect, look forward to	8.1
其中	qízhōng	among	8.1
奇怪	qíguài	strange	1.1
崎岖	qíqū	rugged	14.2
起来	qǐlái	(after a verb)indicating the beginning and continuation of an action or a state	11.2
汽车	qìchē	car	8.2
铅笔	qiānbǐ	pencil	2.1
钱	qián	money	8.2

浅绿色	qiǎnlǜsè	light green	15.2
亲人	qīnrén	relative	16.1
青菜	qīngcài	green vegetable	12.1
清蒸鱼	qīngzhēng yú	steamed fish	10.1
球队	qiúduì	team	4.1
区	qū	district	17.2
日记	rìjì	dairy	16.2
肉	ròu	meat	12.1
赛马	sàimǎ	horse race	4.2
扫	sǎo	sweep	17.2
扫帚	sàozhou	broom	17.2
沙发	shāfā	sofa	7.1
沙拉	shālā	salad	10.1
山顶	shāndǐng	peak	14.2
商店	shāngdiàn	shop;store	2.1
商量	shāngliang	discuss	15.2
上班	shàngbān	go to work	11.2
上等	shàngděng	first-class; superior	4.2
烧	shāo	boil, burn	11.2
少	shǎo	few	3.1
设计	shèjì	design	6.1
社区	shèqū	community	15.2
摄影师	shèyǐngshī	photographer	9.2
身	shēn	measure word	15.1
身亡	shēnwáng	die, pass away	17.2
深绿色	shēnlǜsè	dark green	14.1
深入	shēnrù	go deep into	18.1
什么样	shénmeyàng	which kind of, which type of	2.1

生活	shēnghuó	life	1.2
生命	shēngmìng	life	17.2
声	shēng	measure word	16.1
声音	shēngyīn	voice	6.2
十分	shífēn	very	2.2
石阶	shíjiē	stone steps	14.2
时差	shíchā	jet lag	2.2
视频	shìpín	video	6.2
逝世	shìshì	pass away; die	5.2
手忙脚乱	shǒumáng-jiǎoluàn	be in a great bustle	17.1
书房	shūfáng	studying room	7.1
书架	shūjià	bookshelf, bookcase	7.1
输	shū	lose	4.2
蔬菜	shūcài	vegetable	18.2
熟悉	shúxi	be familiar with	3.2
束	shù	bundle	2.2
树	shù	tree	1.1
水	shuǐ	water	11.2
说服	shuōfú	convince	12.2
撕	sī	tear	16.2
算	suàn	consider	15.1
随便	suíbiàn	do as ones pleased	12.1
所有	suǒyǒu	all	3.1
台	tái	measure word	7.1
太空	tàikōng	space	9.1
太太	tàitai	Mrs.; Madam	12.2
糖	táng	sugar	11.1
躺	tǎng	lie	7.1

逃生	táoshēng	escape	1.1
特点	tèdiǎn	feature	14.1
特殊	tèshū	special	5.2
体验	tǐyàn	experience	18.1
跳舞	tiàowǔ	dance	8.1
通过	tōngguò	pass	15.1
图书馆	túshūguǎn	library	3.2
土路	tǔlù	dirt road	14.2
推荐	tuījiàn	recommend	11.1
外星	wàixīng	alien	5.1
晚	wǎn	late	5.1
晚饭	wǎnfàn	dinner	5.1
晚会	wǎnhuì	evening party	8.1
万圣节	Wànshèng Jié	Halloween	13.2
网络	wǎngluò	network	18.1
忘	wàng	forget	4.1
忘记	wàngjì	forget	2.2
微信	wēixìn	WeChat	6.2
围	wéi	enclose	6.2
为了	wèile	in order to	5.2
未来	wèilái	future	5.1
位	wèi	measure word, used to refer to people	1.1
味道	wèidào	taste; flavour	10.1
胃口	wèikǒu	appetite	10.2
慰问	wèiwèn	extend one's regards to	16.1
文学家	wénxuéjiā	person of letters	5.2
文学界	wénxuéjiè	literary world	5.2
卧室	wòshì	bedroom	7.1

乌龙茶	wūlóngchá	oolong tea	11.2
午餐	wǔcān	lunch	10.1
物质	wùzhì	substance	16.1
西红柿炒鸡蛋	xīhóngshì chǎo jīdàn	scrambled egg with tomato	10.1
洗衣机	xǐyījī	washing machine	16.2
戏	xì	theatrical play; show	12.2
虾	xiā	shrimp; prawn	12.1
下班	xiàbān	after work	8.2
下等	xiàděng	low-class; inferior	4.2
先	xiān	first	5.1
鲜花	xiānhuā	fresh flower	2.2
显得	xiǎnde	appear to be	13.1
相同	xiāngtóng	same	4.2
香	xiāng	delicious	12.1
香味	xiāngwèi	fragrance	11.2
箱子	xiāngzi	box	8.2
想法	xiǎngfǎ	idea	9.1
项目	xiàngmù	sports event	14.1
像	xiàng	look like	9.1
削	xiāo	peel	2.1
小学生	xiǎoxuéshēng	elementary school students	13.2
小组	xiǎozǔ	team, group	1.2
校车	xiàochē	school bus	3.1
心疼	xīnténg	love dearly	17.2
辛苦	xīnkǔ	hard; laborious	17.1
新鲜	xīnxiān	fresh	12.1
兴奋	xīngfèn	exciting	14.2
行动	xíngdòng	action	18.2

兴高采烈	xìnggāo-cǎiliè	ebullient; cheerful	14.2
兴趣	xìngqù	interest	1.2
宣传	xuānchuán	publicize	17.1
选择	xuǎnzé	choose	1.2
学期	xuéqī	term	1.1
严肃	yánsù	serious	13.1
演出	yǎnchū	live show; performance	6.1
宴会	yànhuì	banquet	13.1
羊肉串	yángròuchuàn	roast lamb kebabs	12.1
邀请	yāoqǐng	invite	6.2
药品	yàopǐn	drug	9.2
依依不舍	yīyī-bùshě	be reluctant to part	16.1
一会儿	yíhuìr	a while, a moment	11.1
仪式	yíshì	ceremony	17.2
移民	yímín	immigrate	5.1
以为	yǐwéi	think	3.1
艺术	yìshù	art	18.1
意见	yìjiàn	opinion, suggestion	15.1
意外	yìwài	accident	17.2
意义	yìyì	meaning	5.2
迎来	yínglái	welcome, facing	15.2
应	yìng	answer, respond	16.1
永远	yǒngyuǎn	forever	9.1
油腻	yóunì	greasy	12.1
游戏	yóuxì	game	6.1
友好	yǒuhǎo	friendly	3.2
有关	yǒuguān	related to	9.2
有空儿	yǒukòngr	free, available	11.1

有趣	yǒuqù	interesting	1.2
有意思	yǒu yìsi	interesting	1.1
有用	yǒuyòng	useful	9.2
于是	yúshì	so	12.2
宇航员	yǔhángyuán	astronaut, spaceman	9.1
预习	yùxí	preview	1.2
原味	yuánwèi	nature flavor	11.1
约定	yuēdìng	agreement	14.2
乐器	yuèqì	instrument	6.2
阅读	yuèdú	read	5.2
阅览室	yuèlǎnshì	reading room	3.2
越来越	yuèláiyuè	more and more	2.2
咱们	zánmen	we, us	4.1
早日	zǎorì	early	15.2
则	zé	measure word for an item	15.2
炸鸡	zhájī	fried chicken	7.2
展销会	zhǎnxiāohuì	trade show	14.1
战争	zhànzhēng	war	15.2
招	zhāo	recruit	17.1
争论	zhēnglùn	dispute; debate	12.2
支	zhī	measure word	2.1
支持	zhīchí	support	9.1
知识	zhīshi	knowledge	1.2
侄女	zhínǚ	niece	13.1
只有	zhǐyǒu	only	3.1
志愿者	zhìyuànzhě	volunteer	17.1
制作	zhìzuò	product	18.1
质量	zhìliàng	quality	2.1

中等	zhōngděng	medium	4.2
种类	zhǒnglèi	kind	2.1
周年	zhōunián	anniversary	12.2
主意	zhǔyi	idea	8.2
煮	zhǔ	cook	18.2
专门	zhuānmén	specialized	1.2
自动	zìdòng	automatic	2.1
自然	zìran	natural	13.1
自助餐	zìzhùcān	buffet	8.1
足够	zúgòu	enough	18.2
钻进	zuānjìn	get in	8.2
最后	zuìhòu	at last, in the end	13.1
坐	zuò	sit	3.1
座	zuò	measure word	17.2